重整自律神經

讓身心回歸平衡的108條行動準則

自我調整習慣

名醫
小林弘幸——著
Hiroyuki Kobayashi

寫於文庫化之際

二〇二〇年，新冠肺炎的疫情席捲了全世界。

我們該怎麼面對這場嚴酷的考驗呢？

我身為醫師以及一名自律神經專家，想跟各位傳達一件事。那就是**真正應該恐懼的「並不是疫情的傳播」**。在遠離三密（密集人群、密切接觸、密閉空間）、實踐新生活型態的日常中，想要避免感染病毒，仍必須保持最低限度的注意力。這件事並沒有錯。但隨著新型冠狀病毒的資訊愈來愈明朗，我們也逐漸開始建立起醫學意義上面對這個病毒的方法。

雖然還需要一些時間來完成疫苗與特效藥的開發，並普及到全球各地，不過這個病毒並不會猛烈地攻擊人體，使人立即死亡。可以從許多案例中發現，病毒採取了長時間、微弱地存在於人體中這樣的生存戰略。

真正可怕的是沒有察覺到的傷害

請容我反覆解釋，謹慎小心、避免感染新冠病毒當然很重要。但我必須在此提醒各位，過度害怕感染、嚴格限制生活，才是真正的問題所在。

這個意見並不是出自於優先處理經濟的立場。我只是以醫師的身分告訴大家，過度煽動不安與恐懼，並限制人們的生活，**可能會對我們造成其他意義上的傷害**。

到目前為止，我們不得不過上**與從前截然不同的生活**。這種狀況在不知不覺間，對身心造成不容輕忽的危害。實際上，出現總感覺身體不舒服、心情低落的情況愈來愈多、一不小心就陷入憂鬱的情緒裡等症狀的人，正在逐漸增加中。隨著防疫生活的長期化，這種現象顯然會更加嚴重。

現在也四處都能聽見「新冠憂鬱」這樣的詞彙。生活發生劇烈變化，導致壓力愈來愈大、在各種層面上都感覺喘不過氣、活動身體的機會變少、與人面對面說話的機會變少、因在經濟上看不見未來而感到不安等等，以上狀況都會**嚴重干擾內心與身體的平衡**。醫學已經證實，一旦這樣的情況持續下去，人類醜陋的一面便會漸漸顯露出來，愈發具有攻擊性。家暴、冷暴力、霸凌、歧視與跋扈的行徑將不斷增長。我以一名醫師的角度來看，認為這些都是必然發生的問題。

自律神經失調，身體也會隨之出狀況

若是能與他人面對面交談，且彼此互動良好、心情愉快，腦內就會分泌出大量的催產素這種「幸福荷爾蒙」，讓人感到充實的幸福感。然而，因疫情的緣故迫使人們大幅減少了交流機會。待在家中的時間變長後，肌力衰退；此時不僅容易跌倒，從樓梯上摔下來的意外也變多了。即使不是因新冠肺炎而住院，院內跌倒、摔落樓梯的住院比例也大幅攀升，高血壓、糖尿病患者的病情也出現快速惡化的情形。

新冠肺炎的討論往往聚焦在傳染風險、重症風險或經濟問題上，但實際上影響到更多人的是：

- **自律神經失調**
- **身心失衡**
- **肌力下降**

千萬不能忘記的是，如果身心失衡，自殺風險就會增高。在新冠疫情長期化的局面下，大家真正該恐懼的，我認為應該是這些造成身心影響的問題。

《來自新冠病毒的一封信》

在新冠病毒肆虐全球的二〇二〇年春季，一位叫作薇薇安・賴希的人寫了一首《來自新冠病毒的一封信》的詩，成了熱門話題。記得的人應該還不少吧？

截至目前為止，人們做出許多「錯誤的行為」，並繼續在「錯誤的方向」上前進。地球雖對此發出悲鳴，不斷向人們敲響警鐘，但人們始終視而不見、充耳不聞，所以「我」（也就是身為寫手的「新冠病毒」）寫了這封信給人類。

這首詩以這樣的形式展開。順帶一提，這首詩在最後標註了一句「請自由複製與轉載」，因此，請容我在此介紹最後一節。

我並非要懲罰你們
我是為了喚醒你們才存在的
一切結束後我將離去
還請你們銘記這些瞬間
請聽聽地球的聲音
傾聽來自靈魂的吶喊
請別再汙染地球
請別再鬥爭

別再被物質生活所吸引

然後，開始去愛你的鄰人吧！

開始珍視地球與存在其間的生物！

否則，下次回歸，我或許將變得更為強大……

讀完這封「信」後，讓我感受最深的是：我們在真正意義上必須變得更強大。「強大」一詞可能會招致誤解，我這裡所說的「強大」是指：**「我們每個人究竟該如何對每一天抱持希望、朝氣蓬勃地活下去。」**

新冠病毒從我們身上奪走的，不正是這份「每天抱持著希望活下去」的人生態度嗎？

只要一張照片、一個伸展運動就能調適身心

在生活型態轉變後，對活在焦慮中、內心充滿壓力的現代人而言，這是特別重要的心態——每天抱持著希望、朝氣蓬勃地活下去。但就算聽到別人說「讓我們帶著希望活下去吧！」應該也不知道具體該怎麼做才好；這就像對著無精打采的人說「打起精神！」一樣，沒什麼意義。

因此，關鍵就在於**調適身心的觀念與具體的實行方法**。

舉例而言，書中會介紹養成「拍一張照片」的習慣。一天只要一張就好，拍張「自己喜歡的瞬間」。可以的話請上傳到社群媒體上。養成這個習慣後，就會變得想出門散步，或在上下班途中開始留意周遭的景緻。說不定也會開始注意自己的飲食，並稍微做出改變。

雖然都是些無足輕重的小事，**但還是要盡量在日常生活中創造出自己覺得還不錯、這很有趣的時光**。因為光是這麼就能調節自律神經、讓心情變好。不要茫茫然地度過每一天，而是透過這些契機，為自己的心做個小小的重整。這是身心調適中至關重要的一部分。

如果公司採用遠距工作，那我也建議每個小時至少花5分鐘來活動筋骨。簡單做個伸展運動，接著緩緩做十次深蹲。只要這麼做，就能調整身體的狀態。

身體與心靈有著緊密的連結，**若是出現難以打起精神或失去希望的感覺，與其嘗試在精神上付出努力，不如先活動身體、做做運動**。這是最為具體且能有效調適身心的方法。

動動身體、做個深呼吸，或整理一下房間，自律神經就能恢復正常。若是能改善身體的狀況，就可以慢慢找回積極、正向的心情。

接近「每天抱持希望、朝氣蓬勃地活下去」的狀態

本書由日本二〇一五年發行（台灣於二〇一六年發行）的《微調一下！你也能是職場人才》（台灣角川）這本調整身心狀況的書，在配合時勢大幅修訂出版的。在目前這個人人都被迫改變生活方式的時代，我覺得本書的出版有著重大的意義。因為**從未有哪個時代的人，如此追求「正確地調整自己狀態的觀念與具體方法」**。**只要身體整頓好了，心靈也會隨之豁然開朗**。這麼一來，就更接近「每天抱持希望、朝氣蓬勃地活下去」的狀態。

雖然現況令人感到頗為壓抑，但別被環境影響了，請積極調整好自己的狀態，成為真正意義上**強大的自己**。若本書能幫助到你，便是作者的榮幸。

小林弘幸

二〇二一年一月

前言

現在的你，能發揮幾成實力呢？

若將工作進展順利、無論做什麼都不會感到疲累的理想狀態當作十分，我想應該有許多人會覺得自己只能發揮七成，甚至只發揮了五成左右。這實在是很可惜的事。為什麼會有這麼多人無法充分發揮自己的實力呢？答案很簡單。

因為**這些人不知道用來發揮實力的「調整方法」**。世界上多的是想培養實力、想提升技能等，專注於提高能力的人。然而相反地，把充分發揮實力當作信念、將重點擺在「展現完整能力」的人，我感覺卻是少之又少。說白了，就算將能力從100分提高到120分，但在日常生活中若只能發揮70分，也沒有任何意義。

與其花費金錢、時間與心力在提高能力上，不如做好準備，使100分的能力**可以穩定發揮出90分**，並調適好身心狀況，這才是最有效的方法。

如果想提升工作品質，相較於培養實力，**徹底發揮出實力**才是最快的捷徑。

要是不知道發揮實力的方法，再怎麼培養實力都沒用！

我身為一名醫生，擔任過許多頂尖運動選手的心理諮商師。這些選手有個共通點，那就是擁有「該怎麼做才能在上場時完整地發揮實力」的專業意識。無論是足球、棒球、高爾夫、摩托車賽事還是橄欖球，在各領域活躍在最前線的國家選手們都會向我尋求建議，為何他們會想聽聽我的意見呢？箇中原因相當明顯。因為不只是培養實力，他們更清楚地知道**100%發揮目前實力**的重要性與其困難度。

在運動領域中，有以下三項訓練過程：

一、強化

二、調整狀態

三、照護

第一項，如字面所示，強化就是加強肌力或提升技術等，以提高能力為目標的訓練。而第三項的照護，指的是治療受傷的部位，或復健到能恢復原本的表現等，從負面狀態歸零的訓練。強化與照護當然都很重要。但如果不加上調整狀態這過程，就無法展現出真正的實力。此項訓練的目的就是**調整至發揮原有實力的狀態**。

因此一流的運動員都會做好萬全準備，並在精神調適上做足功夫，絕不會忽視提高專注力的訓練。我認為頂尖運動員所擁有的**調整狀態的觀念，正是許多商務人士最欠缺的部分**。

即使是一般人，在受傷或生病時也會照顧自己，希望能早日恢復。這是理所當然的吧？又或是如開頭所述，有非常多的人想培養實力或提升技能，於是在強化這個過程中拚命努力。然而很遺憾的是，擁有「拿出全部實力」這種調整狀態的觀念的人非常稀少。難得培養了卓越的能力，卻只能發揮五、六成，這樣的人隨處可見。在我看來這簡直就是**暴殄天物**。各位是否也是其中一人呢？

只要改變一點思維及行動，「發揮出的實力」便會飛躍性地提升

至今我出版了超過40本書，主要都是在談**自律神經**。一言以蔽之，自律神經就是能夠（自動）調整身體狀態的系統。換句話說，「如何調整自律神經」跟「如何調整身體狀態」幾乎是同一個意思，這正是「調整狀態」這個觀念的核心。

在平時只要提到「自律神經」這個詞，大家通常都會聚焦在健康層面上。為了健康而調整自律神經當然很重要，但平時更應該為了**整頓好身心、徹底發揮現有實力**來調整自律神經。若想開拓人生，這個觀念無比重要。我對此有著深刻的感受。

本書整理了多個能幫助各位調適身心的小訣竅及思維。希望各位能藉由本書學會**充分發揮現有實力的調整方法**，並告訴世上更多的人調整狀態的重要性。

書中所介紹的全都是相當簡單且輕鬆的方法。這些方法的目的在於剔除對身體造成負擔、對內心造成壓力的各種事物，並讓各位學會切合身體運作的行動準則，再

將這些習慣紮根在深層的意識當中。

・整理包包中的物品
・改變挑選服裝或鞋子的方式
・加善用時間
・改變入睡前的習慣
・若發生意料之外的問題，就放棄之後的預定事項
・面對聚餐邀請不要立刻決定，先思考一天再回覆

諸如以上所列舉的，每一項都是能立刻實踐的簡單方法。

真正重要的，是**一步步累積這些微小的思維變化與行動**。只有常保習慣，才能將身心調整到更穩定、更好的狀態。

如果你能100％（或接近100％）發揮自己的實力，工作成果必定大有提升。

只要這麼做，就能拉開與他人的距離。

各位需要的不是提升實力，而是瞭解「徹底發揮實力的方法」。

還請各位喚醒沉睡在體內的潛能，揮灑那份連自己也不知道、令人驚艷的實力。

各位必將因此而看到全新的人生。

小林弘幸

二〇一五年六月

自我調整的習慣　目錄

第1章

整理物品，讓心神安定
——調整周遭環境的方法

第 2 章

每天都留意自身變化
——調整時間的方法

第3章 拒絕過於勉強的應酬——調整人際關係的方法

第4章 留意身體的運作開關——調整身體的方法

第5章 稍微改變飲食的內容與習慣

——調整飲食的方法

第6章 回顧今晚，創造更順利的明天
——調整行為模式的方法

第7章

正確應對壓力
——調整精神的方法

第 8 章

瞭解自己的個性
——調整自我特質的方法

為何調節自律神經能讓工作更順利？

本書中，將會頻繁提到「自律神經」、「交感神經」與「副交感神經」等專有名詞，因此在正式進入本文前，我想先仔細說明這些名詞是什麼意思。

人的身體分為能憑意識加以控制的，以及無法藉由意識來控制的部分；手腳或嘴巴等部位都能靠意識來控制，想動就動；但內臟、血管等等就無法這麼做了。「自律神經」就是掌控這些「無法隨意活動的部位」的系統。如名稱所示，自律神經會自律地（自動地）維持運作，發揮調整身體狀態的功能。

自律神經又分為「交感神經」及「副交感神經」兩種。交感神經是「為了活化身體機能的神經系統」，以汽車來比喻的話就是油門。而副交感神經則是「為了讓身體休息、恢復平靜的神經系統」，功能像是汽車的煞車。睡眠、進食或吸收營養等必須讓身體恢復平穩時，副交感神經就會占據優勢。

所謂的「調節」自律神經，簡單來說就是讓交感神經與副交感神經保持平衡及活力。當要活動身體時，就必須活化交感神經；當要冷靜地發揮思考能力及專注力時，則必須活化副交感神經。

此外，自律神經的活化情況會不斷地發生變動，有些時段是交感神經占優勢，有時候則是副交感神經占優勢。早上起床到中午前是交感神經活躍的時間，夜晚上床睡覺時則慢慢轉變為副交感神經占優勢，這樣才能順利入眠。只有讓自律神經依照身體的構造與機制來運作，才能提升身體各器官的機能，並保持健康。

所謂健康意即——優質的血液在體內順暢地循環

自律神經控制著對我們生存來說最為重要的「血液循環」功能。說得極端一點，所謂健康的身體，意即優質的血液在體內順暢地循環著。本書的主題：調整狀態，也將血液循環視為其中的關鍵因素。

交感神經能使血管收縮，而副交感神經則會使血管舒張。換句話說，若交感神經與副交感神經能正確地發揮作用，血管就能讓血液順利地流動到全身每個角落。

當交感神經過於活躍時，血管收縮，導致血液難以流通。以水管來做比喻，就像用手捏住水管，水就難以流過去。這會讓血管內側承受壓力，最終將導致高血壓，並損傷血管的內皮細胞。血液硬要衝過狹窄的血管，當然會產生莫大的負擔。若是副交感神經活躍、交感神經活性很低的話，血管就會鬆弛，無法順利將血液壓送到全身。

舉例來說，若腦部無法獲得充足的血液供應，就會發生缺氧的狀況，這會降低腦部的運作表現。一旦腦功能下降，就會失去判斷力或專注力，可能會變得難以控制情緒。這都是血液循環發生問題時所會產生的弊病。

透過研究還發現，當自律神經失調時，不僅血液循環會出問題，就連血液品質都會跟著下降。只要用顯微鏡看一下自律神經失調的患者的血液便一目瞭然了：原本扁平圓盤狀、形狀漂亮的紅血球竟出現大量變形，且彼此黏附在一起。紅血球變形、破損會大幅降地氧氣的攜帶能力；黏在一起的紅血球，則難以通過纖細的末梢血管。這麼一來，將導致氧氣、營養難以輸送至身體各處，降低身體各項功能的表現。

情緒與交感神經息息相關

本書將著眼於日常中微不足道的地方，傳授各位各式各樣的調整狀態方法。其中最重要的共通點，就是盡一切努力，讓身心保持冷靜、沉著與平穩。

從醫學的觀點來說，情緒及精神狀態都跟自律神經（也就是身體狀況）有著密不可分的關係。舉例來說，只要檢測生氣的人的自律神經狀況，就能發現其交感神經過度地活躍，導致神經系統變得紊亂，血液品質也跟著下降，形成渾濁黏稠的血液。血液品質低落和循環惡化，必然會使腦部等身體各器官的機能下降。這麼一來，自然無法發揮出最佳的判斷力、專注力與表現。不只是生氣，焦慮、緊張等情緒也可能會讓自律神經失去平衡。

另外，當晚上睡覺時，如果副交感神經不夠活躍，身體就沒辦法好好放鬆休息，導致睡眠品質下降。在這種情況下迎接早晨的話，就會出現交感神經占優勢，但副交感神經卻處於活性極低的失衡狀態，讓人一整天都很不舒服。

愈瞭解身體的運作機制，就能愈理解為何「調整狀態」這麼重要。我們的生活方式、行為模式、心情與情緒，都和自律神經息息相關。

換言之，平時的行為模式或一些小習慣、思維及溝通方式，都能輕易干擾到自律神經。但反過來說，只要有意識地稍做調整，就能讓身體恢復到最佳狀態。

如前言所述，重要的是調整好身心，讓自己處於能隨時發揮接近100%實力的狀態。調整狀態意即「調節」自律神經。

瞭解自律神經的基本觀念，並學習能在日常生活中實踐的調整方法，就能確實提升健康狀態與工作表現。

第 1 章

整理物品，讓心神安定

調整周遭環境的方法

1 翻找包包的瞬間，就已經處於失調狀態

為了取出東西，開始翻找包包。光是這件小事，就可能會擾亂自律神經的平衡，而大幅削減工作上的專注力。

手機響、想接電話，卻沒辦法立刻找到手機；找不到資料時，才開始著急是不是忘了帶；明明記得已經將線上會議用的耳機放入包包了，但卻始終找不到。以上這些**看似微不足道的小事，都會使交感神經急速活躍起來，使血液流動出現問題，專注力下降，結果造成工作表現下降**。

各位是否看過在月台處拚命翻找包包的人呢？無論是忘記帶還是搞丟，就算最後找到了，也會因為翻找時的焦急煩躁而導致自律神經紊亂。這種狀態下，之後的

工作品質肯定也會跟著下降。

從醫學的角度來說，人體就是會呈現出這樣的機制。正因如此，保持穩定的狀態是非常重要的，而第一步就是——整理包包。

先區分出物品的重要性，將非必要的物品移出包包。活用包包的內袋，將物品分門別類地放好，讓自己清楚知道什麼東西放在什麼地方。

請從這件非常單純的事情開始做起。

手機、平板電腦、充電器、連接線、必要文件、記事本、文具、藥品及錢包等等，包包內只要放進必要的物品就好，並保持在能夠隨時取出的狀態。

想要調整狀態，整理包包就是最基本的第一步。

這件事並不難，請各位現在就做做看！

2 堅持選用最適當的包包

延續上一篇整理包包的話題。請各位思考一下，自己用的是「好用的包包」嗎？這是至關重要的問題。

想要調整狀態，就要從選擇對自己而言最好用的包包開始。譬如：包包的形狀、大小、深度、內袋的位置及數量等等。

當然，最重要的前提是釐清**對自己而言最好用的包包是什麼**。相信有許多人並沒有好好的想過這個問題，只要「價格便宜」、「設計不錯」或「之前就在用了」，就購買或選擇帶哪個包包出門。

這麼一來，將無法調整好自己的狀態。

對自己而言最好用的包包的意思是：任何情況下，都能順利取出或放進物品、不會造成心理壓力的包包。請仔細思考這個條件，再重新選擇適當的包包。

各位不需要因此就購買高級的名牌包。

只要有著明確的理由，並依照自己的需求好好挑選就可以了。

同樣地，無論是筆袋、眼鏡盒、手機保護套還是錢包等，只要挑選時有明確的理由，就能依次將日常用品更換成最適合的類型。舉例而言，「因為黑色包包很難找到黑色錢包，換成黃色好了」，以這種方式來**最佳化隨身物品，就能讓日常生活中的細節更加得心應手、減輕壓力**。

除了最佳化隨身物品外，還要能在任何場合順暢地行動，這將有助於調節自律神經。就結果而言，除了提升專注力外，還能提高工作熱忱。

3　將重要資訊整理成「一目瞭然的狀態」

想要聯絡某人時，卻一直找不到對方的名片，不知道該怎麼聯繫；忘記資料存檔放在哪，遲遲找不到檔案。相信應該有不少人每天都上演上述的狀況吧？

其實，我們平時就常浪費時間在尋找想要的資訊上。這不僅徒耗光陰，更糟糕的是在尋找的過程中還會產生焦慮、緊張、不安等情緒，嚴重干擾自律神經系統。

自律神經一旦失去平衡，就需要3～4小時才能恢復。換言之，**一旦感到焦慮，之後的3個小時就幾乎都處在身體機能不佳的狀態下**。由於血液循環不良，氧氣及葡萄糖無法充分送達腦部，使情緒變得難以控制，且專注力下降，無法做出好的判斷。為了避免陷入這種狀態，**平時就要將需要的資訊整理得一目瞭然，而且要處於**

可以立即調閱的狀態。

第一步，可以先整理名片等跟客戶有關的資訊，如：人名、公司名、聯絡方式、相關業務等。列出一張清單會方便許多。以我的實際經驗來說，為了出版書籍我常需要與多位相關人士會面。過去因為沒有整理好資訊，常會出現找不到聯絡方式、這個企畫的負責人是誰？或這是哪間出版社的人？等狀況。

如今，當我統一整理好資訊後，不僅能順利聯絡上相關人員，還能清楚知道相應的企畫內容、負責人及出版社等詳細資訊，開會時就能快速進入狀況。

雖然只是微不足道的小事，但相信只要憑藉這點就能為工作表現大幅加分，輕易拉開與他人的差距。

4 決定好「物品的擺放位置」

無論是收拾物品、還是統整資訊，最重要的是**自動**這個概念。

所謂的自動，就是**決定好物品的固定擺放位置**。

舉例而言，**各位在家裡有固定放置手機的地方嗎**？

我想大多數人都不會把手機放在固定的位置上。如此一來，有時候就會不小心放在平時不會想到的地方；當想要使用手機時，便無法立刻找到。無論錢包、鑰匙、工作文件、帳單或信件、各種線材和文具，都是一樣的道理。

因此，首先要決定好物品的擺放位置。

話雖如此，資料或文件這類物品，若只是全部堆在一起，還是很難立刻找出特定的資訊，這樣反而會增加壓力。解決辦法就是妥善運用資料夾或文件架，並摸索出最佳的分類規則。可以依照緊急程度或重要程度來分類，也可以依照企畫類型來分類，若想依時間順序來分類也沒問題。

重點在於**決定好分類規則**，並且**永遠抱持著隨時檢視規則的心態**。

一旦覺得目前的分類方法不方便，或不知道手上的資料該如何分類，並為此感到些許壓力時，就先暫停一下，重新審視規則是否仍然有效，試著想一想有沒有更恰當的分類方式。

真正能幹的人都會反覆進行這套整理、分類法，以摸索出適合自己的最佳規則。

5 設定找尋物品的時限

將重要資訊或物品保持在可以隨時取用的狀態，是調整狀態的基本功。

然而，實際上還是會碰到不知道東西放在哪裡、必須找出來的情況。這時，希望各位採取這個方法——**設定找尋物品的時限**。

找不到想要的東西會令自律神經混亂，不僅讓人失去冷靜，情緒也會急速高漲。在這種狀態下，無論找什麼都很難快速找出來。**就算只是找東西，也應該先調適好身心，以最佳狀態來找**，這樣才有效率。**可以先從決定明確的規則開始，例如：「就用這10分鐘找」或「如果這10分鐘找不到，再想一個替代方案」**。

只要決定好截止期限，就可以安撫自己的情緒，自律神經也會開始重整，讓自己更能集中精神尋找要找的物品。

要是連「找不到的替代方案」都決定好，就能避免之後因為擔心、害怕而陷入憂慮的情緒中。

其實，當想專注在一件事情上時，往往會因為考慮太多未發生的事，例如：要是～的話，該怎麼辦、要是下次再發生……而無法集中精神來面對眼前的工作，這反而會導致工作品質下降。

因此，在進行工作前，不妨先決定好截止期限或妥協點，藉此來營造能集中精神的情境。這是相當重要的事前準備。

6 — 不穿緊繃的衣服和鞋子

身體被衣服或鞋子束緊的狀態，對自律神經的影響遠比我們想像的還嚴重。如果是原本就很纖瘦，或是體型與衣物非常合身那也就罷了，**但為了好看而刻意穿著比較緊身的衣服或鞋子，這會使交感神經變得活躍，打破原有的平衡**。這將成為工作效率低落的原因之一。

從醫生的立場來說，領帶只會勒緊脖子，不打領帶才能提高工作表現。雖然目前各個領域在服裝上採取日趨開放的態度，但若是身在非得打領帶的業界，或公司規定一定要打領帶的話，建議還是多花點心思來調整。譬如**通勤時不打**

領帶，並將襯衫最上面的鈕釦打開，以保持舒服、無壓力的狀態，等到了公司再打上領帶。為此，可以多準備幾條領帶放在公司的儲物櫃中，這也是不錯的習慣。吃中餐或不需與公司外部人士見面時，也可以將領帶打得鬆一點，盡可能減輕負擔，更順利地調整好狀態。

當然，有些人會覺得「穿上緊繃的西裝、拉緊領帶，更能提振精神、鼓起幹勁」，我完全不否定這種想法。喜歡這麼做的人，就依照以往的方式穿著即可。

不過要是感到自己的狀態不佳，覺得今天的專注力好像不太好，或是總感覺有種疲勞感時，不妨稍微鬆開衣物、減輕壓力，試著重整身體狀態。

7 「只穿白色」襯衫

從好幾年前開始，我就決定基本上只穿白色襯衫。

這是我**最佳化隨身物品的一環**。**只穿白色襯衫、黑色西裝**，挑衣服時就變得非常輕鬆，完全沒有壓力了。當然，我在特別的場合還是會穿白色以外的襯衫，但日常生活中基本上只穿白襯衫加黑西裝，不用左思右想該穿什麼。

我並不是在勸導各位——請一定要穿白襯衫與黑西裝。只是對某些人而言，挑選服裝會是件造成壓力的事，有時甚至會導致身體狀態失去平衡。

若是本身就喜歡穿著時髦的襯衫或西裝那當然沒問題，但要是覺得每天早上選衣服很麻煩，或是不知道該買什麼衣服時；建議跟我一樣，固定穿白襯衫與黑西裝就好了。

白襯衫與黑西裝很好搭配領帶，而且在任何場合都能保持體面、不失禮節。舉例來說，史蒂夫·賈伯斯總是穿黑色高領毛衣與牛仔褲；馬克·祖克柏則常穿灰色T恤及連帽外套。這兩人都是以始終如一的服裝而聞名。

我之所以會固定穿著一樣顏色的襯衫及西裝，是為了清楚區分出「應該思考的問題」與「無需思考的瑣事」。

包含工作在內的重要事項，當然應該仔細、謹慎地思考。但對我來說，挑衣服並不是多重要的事。

將無需思考的瑣事徹底規則化、自動化，就能減輕壓力。

為了將100%的能量都灌注在「應該思考的問題」上，這個小祕訣比想像中還重要許多。

8 — 天候不佳時選擇亮色系領帶

既然談到襯衫與西裝，那就順便來聊聊領帶吧！

關於領帶，實在沒辦法每天都穿戴相同款式。這麼一來，挑領帶就成了一大問題了。我推薦的做法是：天氣不好的話，就選擇亮色系領帶。

實驗已經證明，**顏色會帶給自律神經帶來莫大的影響**。

明亮的顏色會活化交感神經，具有提升幹勁的效果；相反地，暗沉的顏色會活化副交感神經，起到安定心神、平復心情的功能。因此，雨天會帶來促進副交感神經機能、降低交感神經活性的影響。這點只要觀察野生動物便能知曉了。一到雨天，大多數的動物都會躲在樹下或洞窟裡懶散地休息，正是因為牠們的身體機能是如此在發揮作用的。人的身體構造也是如此。**雨天時，交感神經的活性會降低，副交感神經的活性提高，進入「休息模式」**。

然而，我們卻沒辦法說「因為下雨，所以不工作了」，因此，只能刻意提高交感神經，**打開「幹勁開關」**。之所以推薦各位天氣不好的話，就選擇亮色系領帶，便是這個道理。

不只是雨天，當遇到烏雲罩頂的陰天時，應該不少人也會產生「總覺得提不起勁」或「不想去公司」的想法。從身體機能來說，這是理所當然的現象。

此時，與其直接帶著頹喪的心情開始工作，不如先刻意提高交感神經並鼓起幹勁。這是調整狀態中相當重要的方法。

9 丟掉多餘的衣物，提升專注力

在調整周遭環境的方法中，還有一項很重要的規則，那就是丟掉不需要的東西。最常見的就是衣服。如果打開衣櫃後，覺得有些衣服不知道之後還會不會再穿，我個人建議是先把這些衣服丟掉。

常言道：「人生就是不斷的選擇。」這的確是事實。

然而，從自律神經專科醫師的立場來看，**「對某事物做出選擇」這本身就是一種壓力來源**。不得不選擇的狀況，正是擾亂自律神經、造成身心狀態失衡的元凶。話雖如此，既然人生是一個接著一個的選擇所構成的，那麼必然會面臨需要做出重要抉擇的時刻（也就是會造成壓力的選擇）。

因此，至少在**打開衣櫃前，可以先塑造出簡潔、沒有選擇壓力的環境**。

人的身心狀態相當有趣。生活順利時，即便環境有些凌亂、不要的衣服或物品散落各處，也不會太過在意。然而，一旦身體狀況變糟，光只是看見衣櫃裡雜亂無章的衣物，就會感到焦躁不安，甚至瞬間失去所有幹勁。

因此，在面對「明天有重要會議」、「需要跟難纏的人開會」或「必須在很多人面前做簡報」等令人鬱悶的情境時，更應該要先整頓好周遭的環境，排除掉多餘的壓力來源。

養成丟掉多餘物品的習慣，能幫助自己調適好身心狀況。

10　盡早儲值行動支付

在問題發生前，就預先做出對應，防患於未然。這不僅是風險管理的基礎，也是避免自律神經遭到擾亂的重要策略。

從醫生的角度來看，會建議**在對某個問題的發生感到不安前，就先把危機處理完**。最好懂的就是給汽車加油了。相信開過車的人都有過開著開著就覺得「油好像不夠」的經驗。

然而，當你感到不安的同時，自律神經的平衡就已經不合格了。

產生不安的瞬間，自律神經就會發生紊亂，導致駕駛無法專心開車，大幅提升引發事故的風險。

因此，只要油表的油量低於四分之一，我就會毫不猶豫地去加油。

不僅如此，我還將這個規則應用在各個方面。舉例來說：**當現金低於〇萬日圓以下，就一定去領錢，或是，行動支付低於〇千日圓以下，就一定去儲值**等等。因為我不想陷入無謂的壓力之中，總是煩惱著如果錢不夠該怎麼辦。

其實只要仔細觀察周遭的人就會發現，工作能幹的人絕對不會說出「錢不太夠，借我一點」或「儲值卡的錢不夠，你等我一下」這些話。這並不是因為他們很會賺錢，只是他們總能做好準備、游刃有餘地處理事情而已。不夠敏銳的人或許不會留意到，但正是這些微不足道的細節拉開了與其他人之間的差距。

因此，請各位依據自身狀況仔細思考，要在什麼時間點補足錢包或行動支付的金額等等。

11 每天整理一次錢包

在調整周遭環境的方法中，每天整理一次錢包也是個意外有效的辦法。以前有本暢銷書就叫《為什麼有錢人都用長皮夾》。以醫學的觀點來看，這個觀察結果是有其道理的。

並不是因為長皮夾可以放很多紙鈔，而是因為長皮夾更便於整理。

很會賺錢或窮究生財之道的人，無論有意或無意，都會很擅長地**將自己的行為或習慣調整到最佳化**。舉例來說，當他們在店家準備付錢時，一旦碰上「鈔票或零錢不好找」或「錢包裡的卡片很難拿出來」等**可能造成壓力的情況時，他們不會將問**

題置之不理，而是開始思考「要如何才能更順利地取出鈔票」或「怎麼做才能更順手」，並持續進行改善。從這點來看，我覺得使用方便整理的長皮夾就是理所當然的事了，甚至有人還會進一步使用更方便的行動支付來應對。

先不論是否要使用長皮夾，為了將鈔票、悠遊卡或信用卡等保持在最順手的狀態，我認為最好的方法就是每天整理一次錢包。取出不要的發票，並將鈔票都翻成同一面。接著檢查金額，確認是否需要將錢補足。再看看必要的卡片有沒有放進去，不會用到的卡片是否已經取出。最後檢視一下，每張卡片是否都在最合適的位置上。

只要這樣稍微整理一下，就能使生活煥然一新、過得更加順利。

改變生活方式等同於改變自律神經的調節方式。這麼一來，就能將身體調整到最佳狀態。

12 將「下班前的整頓」視作必要儀式

本章已向各位介紹許多調整周遭環境的方法了。

最後，請各位將這些**收拾、整理、最佳化的行動當成是下班前的功課，將它們變成每天必做的習慣**。

這就等同於忙碌了一天之後，用來表示自己已經完成所有的工作的一種儀式。在整理辦公桌、皮包及錢包的同時，慢慢讓身體從「開機模式」切換到「關機模式」。以平靜的心情整理周遭環境，能自然地降低交感神經，並提升副交感神經的活性。

光是養成這個習慣，就能有效地調整身體狀態了。

當隔天早上來到公司時，看到桌子整理得井然有序，就不會承受多餘的壓力，能快速進入工作狀況。

如同前面多次提到的，只要身心狀況良好，就算環境有些雜亂也不會太過在意，同樣能集中精神工作。然而，遇到「一起床就充滿倦怠感」、「吃早餐時與家人小吵一架」或「通勤時在人滿為患的電車上碰到不好的事」等等，當身體狀態已經出現稍微失衡的情況時，光是看到雜亂的辦公桌，或許就能造成超乎想像的巨大壓力。如此一來，自律神經就會失調得更加嚴重，工作表現也會因此而大幅下滑。

每天的身心狀況都是由這些微不足道的小事積累而成的。身心狀況良好時，自然不需要多做調整。然而，**正是因為身心狀況不佳，調整狀態才會變得有意義。如此才能不會被糟糕的狀態牽著鼻子走，適當調理好自律神經，以便發揮出與平時相仿的實力。**

從這些小事開始調整起，才能更進一步拉開與他人的差距。

第 2 章

每天都留意自身變化

調整時間的方法

13 ── 不浪費中午前的「決勝時間」

配合現在的身體狀態活用時間的觀念，和調整狀態一樣重要。

其實人的生活作息中，有段**專注力最好**、**最適合思考**的時間帶——那就是**中午前**。多數人應該都是早上九點至十點左右進公司。從開始工作到中午吃飯為止，這段時間是一天當中專注力最高、也最適合思考和創造的時間。但這段關鍵時間若是拿來收發信件或是參加重要度較低的會議，那其實等同於浪費時間。

如果想要提高工作表現及效率，就應該**重新審視「身體狀態」與「工作內容」是否匹配**。

要是非得在剛上班時就確認信件的話，可以先大致看過，再處理必須立即回覆的信件，其餘的就留待下午再解決吧！

此外，既然是最精華的決勝時間，如果這時才在想「接下來該做什麼」，也是相當浪費時間的。**至少要在前一天就想好「該做什麼」，才能在進入決勝時間時立刻進入狀態、開始工作**，而這就仰賴於平常是否整理好工作的種類、難易度、重要度與緊急度等資訊。

若事先決定好「決勝時間該做什麼」，就能不費多餘心力地運用這段精華時間，完美地集中精神、發揮腦力。只要養成這個習慣，工作表現便會截然不同。

14 — 放棄午餐後的2個小時

與中午前的決勝時間相反，**午餐後的2個小時屬於「非功能性」時間，工作上往往難以有進展**。

動物在進食後躺下來休息才是最自然的狀態，因為這段時間身體需要專心消化食物。**想違背這項身體機制，嘗試「有效率地工作」或「提高專注力」，這根本是無用的行為**。

這段時間最重要的就是學會放棄。可以想成「反正是非功能性時間」，然後，放棄需要專注力的工作。若是想成「想專心工作卻提不起幹勁」、「想提高效率卻昏昏欲睡」這樣反而會造成壓力，擾亂自律神經。

與其承受無謂的壓力，不如選擇放棄，做些簡單且規律的工作。**利用這段時間確認或收發信件**，就是個不錯的選擇。若想更有效地運用這段時間，與人見面也是個很好的規劃，例如：進行線上會議。

人只要與他人說話就會活化交感神經，啟動身體的開關。相信大家都有過這樣的經驗，即使一開始沒什麼幹勁，但在與人交談的過程中會愈來愈專心。從自律神經的運作機制來說，這是理所當然的生理反應。

想要活用這項身體機制的話，可以**特意將會議或團體討論安排在下午一點至三點左右**。對於能自行決定行程的人來說，特別推薦這個利用時間的方法。

15 活用「即將結束前」的專注力

觀看足球或橄欖球比賽時，時常可以注意到在終場結束前，球員們會明顯地變得更加專注，攻勢也更猛烈了。明明身體和精神都已經疲累到快不行了，**但只要進入「馬上就會結束」的狀況，專注力便會提高，進一步提升身體的各部位機能**。

將即將結束前的專注力活用在工作上，也是個提高工作表現的絕佳方法。在下班前1個小時重新打起精神，心想「只剩1個小時了，把這些工作完成吧！」來進行最後衝刺。遠距工作者也是如此。視情況而定，有時「即將結束前的時間」甚至能出現比早上的決勝時間更高的專注力。

最糟糕的情況是加班或遠距工作時，沒有明確的結束時間，一直處於無截止期限的狀態。常言「沒有期限的稿子永遠無法完成」。**想要發揮100%的能力，就必須對自己施加適當的壓力**。

過度的壓力當然不好，但要是處在「只要加班就好」或「遠距工作有很多時間」這種渙散的精神狀態及散漫的環境中，不只會徒然增加疲勞感，工作表現也會下降。

在熟悉了人體的運行機制後，我們就可以擬出最能拿出成果的時間管理方案。首先，不要浪費早上的決勝時間；接下來，在午餐後2小時的非功能性時間中，可以排些常規性的工作或與人見面的行程，並且不要太過期待工作上的表現；到準備下班的1小時前，再重新打起精神，下定決心把今天的工作都完成；最後收拾、整理辦公桌，結束一整天的工作。

光是保持這樣的習慣度過一整天，相信工作表現一定會更加出類拔萃。

16 區分出工作是著重於「內容」還是「時間」

上一篇提到設定截止時間很重要。雖然這是不折不扣的事實，但也不能忘了要將工作分成著重於「內容」和著重於「時間」這兩種。

各位應該都經手過**品質比什麼都重要的工作**吧？舉例來說，當我正在撰寫書籍的原稿或論文時，要是時間相當緊迫，內容就會變得很粗糙，不管怎麼做完成度都很低。像這類應當著重於「內容」的工作，若是在下班前1個小時才想說「我絕對要再多寫個十頁」，那只會令工作品質大幅下降而已。

因此，**著重於「內容」的工作就不要隨意地用時間來分段，應該好好運用早上的「決勝時間」把工作徹底做好**，這樣才能順利地接近自己所設定的工作目標。

另一方面，整理資料或確認文件等工作，**雖然需要一定的專注力，但卻不太需要考慮到品質**。這類型的工作就很適合在下班前1個小時處理。

我平時都會在**下班前1個小時著手進行應當著重於「時間」及「速度」的工作**，這時的我能專心到聽不見周遭的一切聲音，並以超乎預期的速度完成剩餘的工作。

相反地，若是在午餐後的非功能性時間進行整理資料或確認文件的工作，那麼不僅做事心態變得拖拉緩慢，毫無進展，甚至還可能產生失誤，出現最壞的結果。

因此，請各位回顧一下自己的所有工作，試著區分出著重於「內容」的工作與著重於「時間」的工作。

這麼一來，對時間管理的觀念將會煥然一新。

17 雨天縮短「專注時間」，並多加休息

進行時間管理時，對時間進行細分可說是重中之重。**不要將中午前的時間帶視作一個整體，而是細分成2～3個區間，並預先決定要在這些時段中做什麼**。這樣的觀念是時間管理的基礎。

其實**人的專注力只能持續約90分鐘**。無論身心狀況多好，只要持續工作90分鐘，專注力就會開始下滑，效率也會隨之降低。換句話說，每60～90分鐘一定要休息一次，重整狀態後再繼續工作，這才是有效的工作方式。

尚未嘗試過將時間分成好幾個區間的人，我建議現在就開始試試。

除此之外，雨天時最好進一步地縮短每個時間區間的長度。

目前我在職棒團隊中擔任訓練顧問，通常會建議球隊在雨天時縮短時間區間，譬如：如果是45分鐘的話，那就在這45分鐘內集中精神做訓練。如同前面所述，雨天時身體較提不起勁，注意力往往也比較渙散。這時，如果還是將訓練時間維持在以往的長度，那麼不僅訓練成效低落，甚至還可能出受傷的風險。

雨天時縮短時間區間的的長度，並讓自己意識到「這段時間內要集中精神」。

無論是運動員還是商務人士，若想發揮100％的能力，就應該依照天氣和自身狀態來調整時間的區間。下雨天、疲勞未消或發生不愉快的事，而導致專注力下滑時，可以大膽地改變生活節奏，採取「短時間內集中精神，並多加休息」的方針，這樣就能順利度過身體狀態不佳的時間。

18 用餐中也能做的「專注力訓練」

雖然與時間管理沒有太大的關係，不過，在這裡我想告訴各位一種專注力訓練法。**不專心是指——思考眼前以外的事**的狀態。

換言之，只要養成**只思考眼前的事**的習慣，就能提高專注力。

舉例而言，準備用筷子夾住紅蘿蔔送進口中時，就可以在心中想**「我正在吃紅蘿蔔」**。無論吃飯、喝水還是刷牙，都可以在採取行動的同時專注地思考正在進行的動作。

意識到「我正在做〇〇」，並專注於當下的行為，即所謂的**正念**。

實際上，這也是外科醫師的訓練課程之一。畢竟外科醫師若不能專注於當下的情況及手部正在進行的動作，很可能會一不小心就造成無法挽回的失誤。

正因如此，我們才必須在生活中學會專注的技巧。即使周遭環境充滿誘惑，或是手上還有很多事情需要處理，也能靜下心來，專注在眼前的事物上。

對於平時很難專心的人來說，一言以蔽之，就是養成了思考多餘事物的壞習慣。但對人而言，「什麼都不想」、「排除一切雜念」是非常困難的。請各位**先在日常生活中，「意識到自己正在做某個動作」**這件事開始吧！

只要養成這個習慣並持續下去，就能獲得更好的專注力。

19　星期五晚上就準備好「下週的事」

如果問我：「想要有更好的表現，最重要的是什麼？」我會毫不猶豫地回答：「準備」。

愈優秀的外科醫師，準備就愈充分。曾接受ＮＨＫ節目《職人作風》採訪的權威小兒外科醫師山高篤行就曾說過：**「準備占了工作的九成」**、**「手術前就決定了結果」**。

就結果而言，「為了應付一時而做」只會擾亂自律神經，且降低工作表現。

為此，我特別推薦在每個星期五的晚上就開始模擬下週的工作（簡單模擬即可），並準備好所需的物品。

舉例而言，如果星期二要開會，可以先確認是否整理好資料、掌握好要發表的內容；如果預計星期四要與重要人物見面，那就先想好要帶什麼樣的伴手禮、要記住什麼資訊、要說什麼話對方才會高興等等。

這些都是模擬時可以思考的問題，如此一來就能預先做好準備。

若是連**說不定會發生這些「問題」及「意外」都設想到的話**，那就可以說是準備得十分充分了；不會到了當天還倉皇失措、嚴重擾亂自律神經。

以我自身為例，我除了醫生的本業外，還有運動員的養護及諮商、上節目或接受採訪等各式各樣的工作。如果我想順利完成工作，且保持高水準的工作品質，就要在星期五模擬好下週的行程，並事先做好必要的準備才行。

一如「手術前就決定了結果」這句話，可以說**星期五的夜晚就決定了下週的成敗**。

20 將截止時間設定在一個月前

至今為止，我寫了數百篇的論文及商業委託的各類稿件，但從未在截稿期限後才交稿。這點應該值得自豪吧！

之所以能從不遲交，其實只靠一個簡單的小訣竅：把希望的截止時間設定在真正截止時間的一個月前就好。

不過，請各位不要誤解。**將截止時間設定在一個月前的目的並不是為了「不遲交」，而是為了確保成品的水準。**

如果工作時專注力下降，品質自然也會跟著下降。

如同前面所述，專注力之所以低落是因為處在「思考眼前以外的事」的狀態。因此，截止時間迫在眉睫這樣的狀況，其本身就是造成專注力低落、工作品質降低的元凶。

原則上，工作品質會與所花費的時間呈正比。然而，花費的時間應該是在**游刃有餘、狀態良好的情況下**，而非倉促趕工；這樣才能達成上述的正向關係。

若在一個月前完成工作，就可以在真正的截止時間前反覆檢查、打磨得更好。換言之，就是保留充足的時間來提高工作品質。

由於每個人的工作類型不同，一個月的時間長度只是個參考。重點在於將截止時間設定得早一點，以確保能以**「更好的狀態」**面對工作，這是非常重要的時間管理方法。

只要實踐這一點，必定能提升工作品質，改變人們對你的評價。

21 一旦發生緊急狀況，就放棄「接下來的計畫」

無論是什麼行業的人，一定都會碰上意料之外的突發事件，有時甚至是必須立刻處理的緊急狀況。

然而，**緊急狀況**往往發生在**最忙碌的時候**。這時，該做什麼呢？

毫無疑問，最先要做的就是**放棄下一個預定計畫**。

既然叫作緊急狀況，想當然是必須立刻進行的事。如果真的是可以延後處理的雜事，那之後再做就好。

緊急又重要的工作，必須以最萬全的狀態來面對。

在這種緊要關頭，最有可能擾亂專注力、誘使你失誤連連的，就是去想「下個預定計畫沒問題嗎？」或是「幾點出門才來得及？」。

為了將精神集中在眼前的工作上，一開始要做的是「放棄之後的預定計畫，若有必要則聯絡對方取消行程」。

舉例來說，對醫師而言所謂的緊急狀況就是急診病患。當急診病患入院後，當下的情況通常都相當急迫，必須立刻處理。一旦發生這種事態，我會馬上放棄接下來的安排，並立刻通知對方取消接下來的行程或計畫。面對急診病患根本就沒有猶豫「下個計畫趕得上嗎？」或「是不是取消比較好？」的時間。而且，以散漫的精神狀態來工作，說不定還會造成無法挽回的事故。

為了調整好身體狀態，並發揮100％的能力，果斷地放棄之後的預定計畫是緊急狀況發生時必需要有的觀念。

22 大事化小，小事化大

我認為隨時保持自律神經平衡及良好身體狀態的祕訣，在於**大事化小、小事化大**。

相信任何人都有必須面對重大問題的時候。像是：因為工作失誤，可能造成公司數千萬日圓的損失、惹重要客戶生氣，或是再申請不過，這項企畫就要終止了等等。總有一天，這類重大問題會降臨在自己身上。

想當然耳，當發生這類重大問題時，更需要清晰的思考與沉著、冷靜的判斷力。

因此，當務之急便是調整好身心狀態。**先深呼吸、喝杯水，接著，就算是勉強也得**

裝個笑臉，不慌不忙地說：「哎呀！這下傷腦筋了。」這種態度非常重要。

發生重大問題時，做事手忙腳亂、怒罵、指責他人，或是表情過度憂慮的人，坦白說，就是搞錯了處理問題的方式。以上的行為都對調整身體狀態無濟於事（甚至只會擾亂自律神經），也不可能因此而做出精準的判斷。

還有，**不能看輕或撒手不管一些日常生活中的小失誤**，例如：沒辦法馬上找到必要文件，或是毫無顧慮地跟著參加不必要的酒會聚餐等。因為輕忽每天的小失誤，最後都會損害到身體狀態，導致無法完整發揮出自己的能力。**無法發揮100%的實力**這才是最不該放過的大問題。

請各位謹記這個原則，學會將重大的問題看作小事，對小問題嚴陣以待。

23 利用通勤時間養成習慣

有效運用瑣碎的通勤時間，是時間活用術的標準做法。最近乘坐電車的人，有九成以上都在滑手機或玩遊戲。話雖如此，但我並不覺得滑手機或玩遊戲本身有什麼壞處。

重點在於這些事是否**有計畫性地去做**。

如果你決定這30分鐘的通勤時間，就要好好玩晚上沒辦法玩的遊戲！並投入到遊戲裡，那麼這就是最有效的時間運用法。只要有意識地這麼做，無論是在推特或臉書上發布動態，還是拿來看網路新聞都沒關係。

最糟糕的狀況是「隨興地玩手機」。

想要妥善運用時間，就得先決定好通勤時間該做什麼，然後再行動。

以我自身為例，我主要將通勤時間當作學習時間，利用這段時間來讀書、看論文或是檢查初稿。只要決定好通勤時間要做的事，就能知道該帶什麼東西出門，並在前一天預先準備好。這麼一來，乘坐電車或是計程車時，就可以馬上活用接下來的時間了。

為了避免各位誤解，我要事先聲明一點，我並不是指別浪費一分一秒，每段時間都應該塞滿行程！利用通勤時間來睡覺或是看著窗外的景色發呆都是可以的。

關鍵在於，做這件事時有無目的性，兩者之間存在著巨大的差別。

休息的時候就確實地「休息」，想玩的時候就確實地「玩」。

這其實是相當重要的觀念。

24 — 充實假日的訣竅在於擬定「寬鬆」的計畫

每個人度過假日的方式都不同。

有些平日忙到不可開交的人，到了假日還是會開心地去參加馬拉松大賽，或是出遠門去滑雪；也有不少人會在假日睡到自然醒，然後再懶散地度過一整天。

順帶一提，我並不是那種會徹底休息的人。我會盡量做些工作，避免刻意區分出假日與平日的差異，這是適合我自己的調整狀態法。

關於假日的安排，並沒有好壞之分。

不過，屬於假日過得慵懶悠閒的人來說，需要注意一件事；那就是不要後悔今天又無所事事地度過了一天。

造成自律神經失調、身體出狀態的原因之一，就是**後悔懶散度日，心情變得糟糕，而非「懶散度日」這件事本身**。

如果最後心情不好，睡眠品質就會下降，隔天早上的身體狀態也會變差。要是帶著狀態不佳的身體開始工作，就會陷入惡性循環。

因此，尤其是對懶散派的人來說，即使在假日也應該擬定一個寬鬆的計畫。譬如明天睡到中午，不過傍晚要去散步，順便買東西；或是至少做個晚餐好好吃一頓等等，就算是簡單的計畫也沒關係。

換句話說，就是擬定一個**慵懶度日的計畫**。

這麼一來，即便是懶散地度過一整天，也不會後悔，甚至會有種成就感。帶著鬱悶的心情睡著，跟按計畫度過懶散的一天後睡著，兩者之間的睡眠品質有著巨大的差異，隔天早上的身體狀態也會天差地別。

25 不要刻意區分「工作」與「休息」

想調整好身體狀態，適度休息是絕對必要的。

不過從醫生的角度來看，很難說週休二日是否真的必要。以我自己來說，要是擬定一個完全休息的日子，反而會因此而擾亂到作息，導致放假後很難順利進入工作模式。

在我瞭解自身的特性後，就幾乎不再刻意休息一整天了。即使是假日也會去趟醫院或研究室，看看患者或是整理必要的文件，至少會工作1～2小時。雖然很多人會對此感到訝異，覺得「醫生怎麼都沒休息」。但其實這樣更適合我，能幫助我保持著良好的身心狀態。

最重要的是仔細思考對自己而言，最好的休息方式是什麼、該如何調整工作與休息的平衡，才能維持健全的身心狀態。在工作與休息間掌握好**對自己而言最佳的平衡點**。

太忙碌確實不是好事。

忙碌會擾亂自律神經，造成工作品質下降。

話雖如此，但並非只有增加休息天數或是避免假日上班才是唯一的解法。

雖然每間公司的性質都不同，難以一言敝之，但可以安排每週兩天早點回家、下午的行程不要排得太緊，傍晚去健身房運動，或是在外面跑業務時，到咖啡廳休息一段時間等等。盡可能摸索出對自己而言最恰當的**工作與休息比例**，這也是調整身體狀態的一個好方法。

只要掌握好自己的步調，就算工作量與以往相同，也能明顯地感覺到疲勞與壓力不再像以前那麼沉重了。

26 若生活發生變化，就養成「新的習慣」來調整作息

隨著新冠肺炎的蔓延，想必許多人都經歷了生活上的劇烈改變。隨著遠距工作的增加，時間的運用方式或是生活習慣上都可能變得跟過去完全不同。我也很常聽到類似的感想。

生活作息的變化是身心狀態的宿敵，容易擾亂自律神經的活動。話雖如此，如果連基本的生活方式都改變的話，勢必就很難回到與過去完全相同的生活作息了。

因此我建議各位可以養成**「適應變化的新習慣」**。

舉例而言，每天早上五點半起床、晚上睡前看書10分鐘、在生活中實踐正念、每天花5分鐘整理房間的一角等等，任何習慣都可以。

有很多在過去的生活作息中難以養成的習慣，或許有機會在全新的生活作息中培養起來。與其勉強自己維持至今為止的生活，不如養成新的生活習慣，**重新構築適合當前的生活步調**。

以目前的時局來說，抱有這種意識是相當重要的。

實際上，我在疫情發生後就開始每天早上四點半起床，五點出門散步1個小時。由於每天走相同的路線很無趣，所以我會改變路線，然後在六點左右回家吃早餐。這就是我在疫情後養成的新習慣。

我們往往會對出現劇烈變化的生活感到束手無策。

但至少可以做到避免讓身心狀態受到干擾，並透過養成新習慣來創造全新的生活步調。這是疫情時代很重要的觀念。

第 3 章

拒絕過於勉強的應酬

調整人際關係的方法

27 不隨口評價他人

九成壓力來自於人際關係。

懷有壓力，只會造成身體狀態每況愈下。因此，從調整身心狀態的層面來說，改善人際關係是消除壓力不可避免的重點。

在這裡，我建議各位奉行**不隨口評價他人**的方針。

許多人會藉由說他人的壞話來消除平時的鬱悶；但長遠來看，這些人反而會面臨更多的壓力，最終導致身心不堪負荷、健康亮起紅燈。

我從多年前就決定，只要碰上談論某人的話題，我都一律回答：「我不清楚」或「我不是很瞭解」。

這個「決定」是很重要的關鍵。因為，如果我對那個人沒有好感的話，聊到最後就會變成壞話或嚴苛的批評；就算勉強稱讚對方，也只會造成自己的壓力。

我以前覺得應該盡可能地稱讚別人，但我畢竟不是聖人，硬要稱讚我覺得真的無法接受、怎麼樣也無法喜歡的人，只會給自己帶來龐大的壓力（當然，打從心底覺得很棒的人，我就會老實地稱讚對方）。

然而，談論討厭之人的壞話，當下會覺得很暢快，但到最後，往往會衍生出一堆麻煩事。除此之外，也會因此感到心情低落，而覺得自己是不是不小心說得過火了。無論哪一種，都會對自己造成壓力。

所以我決定**始終保持不知道、不清楚的態度，絕不隨意評價他人**。

這是我親身體會過**最好的應答方式**。

28—貫徹「不見、不聽、不言」的原則

人際關係中一定有他人的存在，所以不可能光憑藉著自己就能解決這類壓力。對方可能會擅自說些令你不開心的話，為你帶來多餘的壓力。對此，你也可能做出某些反應，例如：向對方回嘴、為自己辯解，或是不斷地說明來解開對方的誤解等等。

不過，這樣真的能解決事情嗎？真的能減輕你的壓力嗎？

我想恐怕不行吧！對方的行為並不會因為你的反應而改變。

正因如此，才要貫徹「不見、不聽、不言」的原則。

不論別人說什麼、不論發生什麼與自己有關聯的事；總之，就是不要看、不要聽；當然，也什麼都不要說。

光是秉持著這樣的態度，自律神經就能完美地協調。**減少到至今所見所聞、僅到達所反應的30％也好，盡可能保持「不見、不聽、不言」的態度，才能減輕人際關係所帶來的壓力**。

許多藝人或名人都會上網搜尋有關自己的一些訊息，結果使自己的精神飽受折磨、身心俱疲。在我看來，刻意去看、去聽並發表一些多餘的留言，當然會讓自律神經亂成一團。

以前我在上完電視、廣播節目，或是出版書籍後，也會很在意觀眾或讀者的評價、感想，以及社群媒體上的留言。但最後，我發現這只會增加自己的壓力，毫無建設性，所以最近完全不看這些評論了。

畢竟，無論是什麼內容，都不值得我特意去看，並影響到身體的狀況。

29 社群媒體是「擾亂自律神經的工具」

最近應該有很多人已將推特、臉書或IG等社群媒體當成日常生活中的常用工具。透過社群媒體可以輕易地與他人建立連結，並瞭解到朋友的近況，可說是相當方便的溝通工具。但不得不承認的事實是，**有很多人在看了社群媒體上親朋好友的動態後，反而令自律神經變得更加混亂了**。

其實人們使用這類社群媒體的目的，常是用來滿足自我展現的慾望，彰顯我這麼厲害、我有這麼棒的經驗，或是我跟這麼有名的人在一起等等。本人雖然因此而滿足了，但觀看者卻會產生某種不適的心情，甚至莫名地焦躁，開始覺得我的生活不夠充實而感到失落，或是因此而心生嫉恨。

我並非完全否定推特或臉書所帶來的影響。只是從醫學上的見解來說，我認為社群媒體常常就是擾亂自律神經的工具。

如果純粹用來發布消息、與人溝通的角度來說的話，只要用得開心就不會有什麼問題，但要是太過在意他人的動向，因而擾亂自己的情緒、傷害身心健康，就有必要**重新審視自己與社群媒體的距離**了。

我想現在還在使用社群媒體的人應該都用了一段時間了，若因為社群媒體造成身心狀態不佳，進而降低自己的工作表現，真的非常可惜。

與其因為他人的無聊動態而磨耗自己的身心，不如先將自己調適到最佳狀態，做好眼前的工作，才能收獲更有價值的人際連結。

30 不參加說不出目的的聚會

相信各位都有過幾次覺得我為什麼要來參加這次聚餐啊？或是，早知道是這種聚會就不參加了，等後悔的經驗吧？參加無意義的酒會本來就會給人許多壓力，要是喝多了還可能影響到健康。因為酒會而造成麻煩的事情，在你我周遭應該都不算稀奇。

因此，碰上這類活動時，最重要的是思考並決定**我到底是為了什麼而參加這場酒會、我出席聚會的目的究竟是什麼**。

有時候受到同事的邀請，或許會心想「拒絕總是不太好」而答應參加酒會。這時最重要的目的就是：為了建立職場上良好的人際關係，偶爾去一次酒會，表現出友善的態度。換句話說，參加就是為了不讓別人認為自己不合群。

像這樣釐清自己的目的是很重要的。

相較於這次就參加一下好了……這種曖昧的狀態，只要能清楚意識到自己的目的，參加酒會時就能大幅度地減輕受到的壓力。

即便參加的酒會真的無聊到令人難以忍受，但考慮到原先的目的不就是不要讓別人認為自己不合群，酒會本身有不有趣就不是問題了。

因為已經充分達成參加這場酒會的目的了。

人際交往本來就相當麻煩，容易造成自身壓力，但不只職場上要與客戶交際應酬、與同事一起參加酒會，生活中也常常有這類的麻煩集會。正因如此，我們才需要畫出明確的界線。能清楚辨明聚會目的就參加；找不出來的就應該拒絕。

31 經過一天再答覆「參加」或「不參加」

相信各位都有過這樣的經驗：答應了派對或酒會的邀請，但隨著約定日期愈來愈近就開始覺得「唉，好麻煩啊」。

到了令人憂鬱的酒會當天，往往會從早上開始就不斷想著好不想去啊、放他們鴿子吧、不行，千萬不能這樣做。坦白說，這麼一來一整天的身體狀態絕對會變得很糟糕。不僅專注力下降，無論做什麼也都提不起勁。

問題點在於，雖然回覆了「我會參加酒會」，但卻沒有下定決心要去參加。

如同前面所述，清楚聚會的目的後再參加，找不到目的就不參加。因此，**一旦決定要參加，就表示有著相應的目的。**

之所以還猶豫不決，問題就在於決定的方式。

若想迴避這樣的狀態，且務必於接受邀請的一天後再答覆對方。我在接受派對、酒會、聚餐等邀請時，**絕對不會立刻回答，至少會先思考一天後**再回覆對方。如果因為當下的氣氛或心情就馬上做出回應，不僅大多數時候會感到後悔，也很可能事到臨頭才取消而造成對方的困擾。

無論受到什麼樣的邀約，都要先仔細思考過我真的應該去嗎？或是，參加這件事有什麼意義或目的嗎？再決定要不要參加。這樣做出的判斷，才能讓自己打從心底接受，並產生自信。

只有審慎思考意義及目的後所做出的決定，才不會輕易地動搖。

32 不再「輕言承諾」，就能減輕壓力

任何人在每天的生活中，或多或少都有壓力。

但只要仔細一想，就可以發現，**壓力具有兩種特徵：一是壓力都是自己引起的，其二，壓力總是以同樣的形式產生**。

假設職場上有個跟你合不來的上司，每天光是跟對方一起工作就會累積許多的壓力。我想這是相當常見的情況。客觀來看，不滿上司的背後，其真正的問題其實是在自己對上司的言行上。舉例來說，當上司告訴你「這個工作要在今天內完成」，你可能會想「我現在已經忙得焦頭爛額了，今天不可能完成啦」。

但也只是心裡想想而已，最後還是接下了工作，一直加班到深夜。由於近年來不

太允許員工加班，也有很多人把工作帶回家做，變成免費替公司加班。

這正是產生壓力的真正原因。

生活中，類似的情形是不是一而再、再而三地發生呢？

對你來說，真正重要的並不是討上司的歡心。

請各位回想一下重要的前提：應該要讓自己在沒有壓力的狀態下，暢快地完整發揮實力，拿出最好的表現。所以，有時候要試著坦然地表示現在的工作已經應付不來了，今天無法完成，不過明天應該可以做完。若因此而發生問題，也可以到時候再思考就好。

不要輕易答應別人，先說出自己目前的狀況。只要稍微意識到這點，就能減少很多壓力。

33 — 斬斷以忍耐為前提的人脈

商業上，人脈是相當關鍵的要素。

這確實是一種真理。不僅限於商業活動，近年來有多少人脈、屬於什麼社群、可以召集多少人等指標甚至決定了一個人的價值。這種風氣似乎愈來愈盛行。

不過另一方面，也**有不少人因為過於重視建立人脈，或是構構社群網絡而給自己帶來巨大的壓力**。

希望各位能捫心自問，重新檢視人際關係。

那些人脈真的有重要到就算得承受壓力、影響身體狀況也在所不惜嗎？

從我自身的經驗來說，硬著頭皮忍耐也要勉強維持關係的人，或是頂著巨大壓力也要維持的人際網絡，到頭來都沒有真正的好處。因為那些對象或人際網絡只會造成身體狀況不佳、表現下滑的原因，實在很難相信會讓人生變得更好。

當然，由於各種內情，可能沒辦法切得一乾二淨，或是無法輕易地脫離關係，但至少要在心中**劃定界線，好好思考我真的要跟這個人繼續來往嗎？我真的需要這個社群或人際網絡嗎？**

這個社會上有很多人以為只要不斷地拓展人際關係，就代表自己更進一階了，即使這些人際關係往往毫無意義、價值。

重要的應該不是人脈的廣闊或社群的大小，而是**這些人脈是否能夠昇華自己**。

34 「得不到認同」就「放棄」

希望上司認同自己，卻總是得不到。

相信許多人都會為此感到煩惱與痛苦吧？

然而，在這種狀況下，最先做的其實是選擇「放棄」。

當然，有人能夠將得不到上司認同這件事當作跳板，鼓勵自己奮發向上。但對於苦惱於想得到認同卻得不到的人來說，多半早已過了能以此為契機，奮發向上的階段，所有的幹勁都被消磨殆盡了。從自律神經的觀點來說，**此時交感神經與副交感神經的活性都很低，身體已經湧現不出新的能量了。**

這時候最需要的是坦然放棄，心想「既然上司不認同，那就算了」。因為想得到認同卻得不到的精神狀態，正是造成壓力的主因。

捨棄「希望得到認同」的想法，重新調適自己的身心狀況，平靜地完成工作。像這樣地進行心態切換，才能提高自己在工作上的表現。

不過，需要注意一點：**不是放棄一切，而是放棄一部分。**

既然在這個領域得不到認同，那就在其他領域努力吧、既然這個人不認同我，那就試著讓其他人認同我。放棄其中一點，將注意力轉向其他地方，才是祕訣所在。

想必任何人都會在意他人的評價，可是一直執著於不願贊同自己的人或領域，自律神經就會因此而產生混亂，導致工作表現下降，折損自己的評價與名聲。

35 「自尊心」可謂百害而無一利

相信各位多少都聽人說過「自尊心受傷了」，但到底是傷到什麼了？所謂的自尊心受傷其實就是沒有接收到自己期待的評價、稱讚或是待遇，而產生的情緒，最後以生氣或嫉妒的形式表現出來。

對自律神經而言，自尊心百害而無一利，早早丟掉比較好。

自尊心看似在「自己心中」，但其真實面貌卻在「他人的眼睛裡」。在他人眼中，自己是什麼模樣？他人會如何評價自己、對待自己？自尊心正是藏在這些地方。

我常說：「自尊心有如癌細胞」，若不早點拋棄，遲早會侵蝕全身。自尊心高的人總是在意周遭的眼光，並沒有活在自己的人生中。舉例而言，自尊心高的人在拿出70分的工作表現時，就會很在意周圍的人是怎麼評價這件事。然而，**若是上次只做到60分，這次能達到70分的話，就是很了不起的成果了**。就算上次做到80分，這次下降10分，也可以反省並繼續努力，期待下次拿出更好的成果就好了。

本來應該是這麼單純的事情。

有些人即使承受巨大壓力、精神狀況出問題，卻仍死命地抓住大企業的頭銜。然而，那真的是自己追求的人生嗎？不妨思考一下，是否只是被自尊心束縛住而已。**只要捨棄自尊心，就會看到許多不曾想像的光景**。集中精神面對自己，而非周遭的眼光，就能以平穩的心情安然度過自己的人生。

36 與他人見面時，要思考對方的「情況」

每天工作時，總會有那麼幾天覺得身體哪裡不舒服、心情不好、提不起勁。調整身體狀態就是為了減少這種情況發生，但人畢竟不是完美的，不順利的日子總是會到來。即使身體有些不適，但如果是自己一人能處理的工作也還過得去。令人困擾的是，若還要與其他人見面，就不能以「今天不太舒服」來當作藉口了。

此時，我會將注意力放在「思考對方的情況」這件事上。

舉例來說，前來看診的病患或來採訪的出版社人員，很多時候都是頂著酷暑（或寒冷的天氣）搭乘電車、撥空專程來一趟的；前來聽我演講的人，也是為此而調整行程特地趕到會場聆聽的。

像這樣思考對方的情況後，就很自然地會覺得現在不該以身體不適為藉口，或是就算之前的工作有些不愉快，也不能因此而造成對方的麻煩，這樣太失禮了。

思考對方的情況只是很簡單的方法，但非常有效。因為**在開始思考對方處境的瞬間，自律神經就會隨之調適，喚回冷靜的判斷力及思考能力**。

仔細一想，這正是誠實待人的處事原則，也是建立人際關係的基礎。

細心觀察便可以發現，**被評為一流的專業人士總是情緒穩定，身體狀態也都一直保持一致**，碰上任何人永遠以微笑面對。

這正表示他們對待他人真誠、懇切的態度。

37 人際關係的精髓在於「讓身邊的人更加樂意工作」

說到一個組織或團體中最令人頭痛的存在，應該就是讓周圍的人感到不悅、甚至使人失去幹勁的人吧！說不定你的職場上也有這樣的人，而對方若是上司就更糟糕了。

反過來說，一個組織最期待的人才就是能讓周圍的人提起幹勁、工作起來更加快樂的人。如果想在組織中展現自己的存在感（好的意義上），那麼成為這種人就是最好的方法。

我每天工作時，都會與各式各樣的人合作。在前往職業運動現場時，除了選手及總教練外，還會遇見運動教練、訓練員、競技團體相關人員、贊助企業等來自各界的人士；若是身在醫療現場也會與病患、家屬、護理團隊、各科專科醫師及各方協助者等一起工作、關注病情。說實在話，我有時候也會對某些人感到煩燥，覺得對方的態度怎麼會這麼失禮！而大為光火。

但正是這種時候，我會強烈意識到該怎麼做才能讓身邊與我共事的人工作起來更順利、更快樂。

當對方的態度令我感到失禮、我為此生氣大吼或擺出不悅神情時，會發生什麼事呢？其他人就會開始顧慮我的態度，就結果而言可能會導致整個團隊的表現下降。

現今已透過實驗證明，自律神經混亂會影響到其他人，並重挫整體的效率。換句話說，**如何調節自律神經將大幅影響周遭人們的身體狀態**。

不只是年輕人或身分低的人，即便是上司、領導者或經理人，也都應該具備這樣的觀念才行。

38 緩慢、平靜地告訴對方

我認為最能夠協調自律神經、保持自身最佳狀態的溝通方式，就是**緩慢且平靜地告訴對方**。光是留意到這件事，就能大量減少造成自身壓力的原因，同時減少擾亂自律神經的機會。

為什麼慢慢說更好？

第一個原因是這種說話方式不會含有太多的情緒。人的情緒愈高昂，講話的速度就愈快。各位應該都看過被別人說壞話就立刻反應的人，通常會以超快的語速激動地反駁回去。

然而這麼一來，就會造成自律神經混亂、身體機能下降。

愈是想要說些什麼，就愈應該冷靜下來。先深吸一口氣，再平緩地把話說出口。這麼做的瞬間，自律神經便會開始重新調整回來。

我常說政治家石破茂先生的說話方式是最強的，他說話時始終都保持著緩慢且平穩的語氣。**只要慢慢說，就能減少說錯話的風險，也不會因過度傷人而後悔萬分。**對一名政治家而言，這其實是相當重要的溝通技巧。

想傳達訊息給對方時，說得又快又多絕非上策。

我自己在電視或廣播節目上，常常會與公眾進行談話。最後發現就算快速說出十項好處，大家通常一個也記不起來，只是印象模糊地覺得這個人說了好多啊。與其如此，還不如緩慢、平穩且清楚地說好一件或兩件真正重要的事。這種溝通方式**才能真正在對方的心中留下深刻印象**。

雖然只是一件簡單的小事，但還是請各位試看看。只要做確實，一定能減輕自身的壓力。

39 戀愛是最能擾亂自律神經的感情

我常在演講或雜誌採訪中說：「**戀愛是最能擾亂自律神經、導致身體狀態每況愈下的感情。**」

每次這麼說時，都會有人反駁正因為是戀愛，才讓我更有動力去工作、應該也有好的戀情啊，或是也有很多情侶相親相愛、互相砥礪啊。的確，戀愛有時候確實能短暫地幫助我們提高生活幹勁，讓我們更好地管理身體狀態。然而，綜合評估正在戀愛的人與沒有戀愛的人，前者所承受的壓力顯然更大，甚至有出現身體狀態失衡的危險。

若要舉出一個擾亂自律神經的最重大原因，那就是「不安」。

人一旦碰上模糊不清的事物、不明確的事物，或是無法掌控的事物，就會感到不安。這是人的天性。

當男女朋友的關係進展的不順利時，就會造成壓力。即使感情穩定，但用LINE傳訊息時，對方只要稍微晚回覆一點，就會很在意對方是不是發生什麼事了。這個瞬間，就會完全陷入模糊不清、不明確，或是無法掌控等令人不安的漩渦中，因而導致自律神經混亂、專注力明顯下降。但我們自己卻依舊渾然未覺。

當然，我的意思並非提倡「不應該戀愛」。

只是希望各位可以理解這個不爭的事實——戀愛有著擾亂自律神經的高危險性。

40 最理想的夫妻關係不是如膠似漆，而是成為「家人」

既然談到戀愛就順便說說夫妻關係好了。

由於人際關係是壓力的主要來源，**夫妻間的溝通當然也會擾亂自律神經、使身體狀況出現失衡的情況**，這種案例實際上層出不窮。只不過，夫妻若能與父母、兄弟姊妹一樣，在意義上成為真正的家人，那麼比起擾亂自律神經的負面作用，穩定身心的效果將會更加顯著。

常會聽到有些人說回家後一看到太太或丈夫的臉，就會感覺特別平靜、放鬆，這正是夫妻關係幫助自己維持了身心狀態之故。

相反地，如果夫妻關係緊張，為了一點小事就爭執不休或是在一起時感覺快要窒息了，那就可以肯定，雙方都在擾亂對方的自律神經了。

除此之外，還有一種狀況需要注意，那就是夫妻彼此恩愛，在一起時就覺得心情雀躍、開心不已。**雖然夫妻感情甜蜜是好事，但若是彼此還像情侶一樣，時時刻刻都為對方心動；那麼回家後，交感神經就會提升，變得無法進入「休息模式」**。

這麼一來，睡眠品質就會下降，導致隔天起床後身體狀態變差。不僅如此，處於這種狀態時會情緒高漲，難以察覺到自己的身體狀態。久而久之，就會感到容易疲累，甚至產生整個上午都心不在焉的症狀。

為了調節自律神經、保持良好的身體狀態，經營夫妻關係時，應該要以**不用時時顧慮對方、建立平穩關係為原則**。

第 4 章

留意身體的運作開關

調整身體的方法

41 在「心、技、體」中最應該先調整好的是「體」

無論是工作還是運動，「心、技、體」三者都是缺一不可的要素。但這之中最應該先調整好的是——體。因為只要身體狀態不好，心再怎麼整頓都無法做出優美的表現、再怎麼純熟的技術也難以完整發揮出來。

身體的狀態是一切的基礎。

然而，非常遺憾的是，很多人都相當輕忽身體狀態這件事。

當然，沒有人會忽視高燒、劇烈腹痛等明顯的徵狀，但確實只有極少的人會留意到狀態調整，這項用來發揮100％實力的事前準備。

這裡我希望各位清楚認知到一件事：**「沒生病的狀態」與「能完全發揮實力的狀態」之間是存在著非常巨大的差距**。

沒生病的狀態只是進行一切活動的大前提，但唯有進一步調整好身體的狀態，才能充分發揮自己的實力。

希望閱讀本書的讀者，都能強烈意識到**調整身體狀態**的重要。

身體是很誠實的，只要知道正確的應對方式，就能改善身體的狀態。總感覺身體不太舒服、消除不了疲勞、專注力難以提升、一直提不起勁、煩躁得不得了等等，當出現以上的徵兆時，必定是身體出了問題。

反過來說，只要瞭解正確的身體保養方法，就能解決或減少這些問題的發生。

42　用一杯水為身體重新開機

「從早上開始就覺得疲軟無力、提不起勁」、「感覺身體一直開不了機，不管做什麼都很懶散」，我想任何人應該都有過這樣的日子吧？

如果這種情況持續一週以上，可能是罹患了某種疾病，應該立刻就醫看診。不過若只有一、兩天，那倒不是什麼稀奇的事。從身體的運作機制來說，這是因為交感神經始終沒辦法順利活化，**身體才會怎麼都無法從「休息模式」切換到「活動模式」**。這時最好的方法就是做些簡單的運動，但處於疲累、乏力的狀態下，想必很難提起幹勁、站起來活動一下身體。

因此，我推薦——**喝一杯水**。

掌管全身狀態的自律神經與腸道的活動息息相關。除此之外，腸道是只要受到一點刺激就會立刻反應的器官。因此，如何啟動腸道便是關鍵所在。喝杯水就是個好方法。**因為喝水可以促進腸道蠕動、活化自律神經的運作，等於是為身體開機了**。

除了早上起床時可以喝杯水外，當感覺「專注力開始下降」或「開始感覺疲累」時，也能暫時離開座位喝杯水。

基本上，每天可分多次喝完1～1.5公升的水，這樣就能改善自律神經的情況了。喝水時，**可以試著想像水分浸透全身的感覺，有意識且專心地喝水**。

或許很多人會懷疑「有沒有意識到自己在喝水，有什麼不同嗎？」實驗結果證明，光是這麼做就能調整自律神經了。看似平淡無奇的小事，其實都會影響到自律神經系統的平衡。

43 身體不舒服時，先檢查尿液顏色

前一篇提到了喝一杯水的方法，本篇再進一步作說明。喝酒後的隔天，通常會更容易脫水，身體會特別需要水分。

如果覺得有點疲累、身體不是很舒暢，請先檢查**排尿的方式及尿液的顏色**。

當身體處於脫水狀態時，會幾乎無法排尿。畢竟水分已經不足了，自然不會想再把水分排出去。若身體的疲累狀況一直沒有好轉，各位不妨回想一下今天的尿尿次數正常嗎？我想小便的次數應該會減少才是。

到廁所小便時，可以順便檢查一下尿液的顏色。**身體不舒服、有些脫水時，會排出深色的尿液**。可能是很深的黃色，或是相當黑的顏色。

若是如此，請各位先大量喝水。

喝完水後就去廁所排尿。只要有意識地反覆進行這個過程，尿液的顏色就會漸漸變淺，最後排出幾乎透明的尿。只要到了這個狀態，我想身體不適的程度應該會改善不少。

順帶一提，其實喝酒的同時身體就開始脫水了，因此我建議喝酒時也要喝下與酒的份量差不多的水。

當喝下超過自己耐受量以上的酒時會感覺很噁心，造成這種情況的主因就是身體脫水了。脫水會造成血壓下降、腸胃蠕動變差，並進一步導致胃酸分泌過多、噁心想吐。因此，**喝酒或感到身體不舒服時，請有意識地多喝水**。做法本身很簡單，請各位務必記起來。

44　沒幹勁的話就動動手腳

一到公司，就算想著要馬上開始工作，也會提不起勁。我想每個人應該都有過這樣的經驗吧？

這時候，大多數的人都會在心中默想「提起幹勁！」、「轉換心情！」試圖在精神面上做些努力；但從醫生的立場來看，這一點也不科學。

興致跟不上、專注力散漫時，最重要的應該是先「活動身體」。散步是最好的辦法，但上班時間當然不可能隨意地外出散步。因此，我建議做些可以活動手部的活動。不是「檢查螢幕上的數字」這類幾乎只需要用到眼睛的工作，而是**準備紙本資料、封裝物品、整理抽屜或置物櫃等工作，只要是能活動到手部**（活動身體）**的工作**

都可以。

以我來說，每當我感到身體不舒暢或提不起勁時，幾乎就只做整理、收拾的工作。舉凡將雜誌或書籍排好、整理隨處亂丟的單據、丟掉不要的文件及信件、將必要的資料放進資料夾等。總而言之，就是什麼事都不想，靜靜地整理這些物品。

因此，**我的辦公桌往往是身體狀況愈不好的時候愈整齊**。

其實這是很重要的習慣。因為狀態好的時候就算周遭再凌亂，專注力也不會下降；但狀態差的時候，一點小事都會令人分心，馬上就覺得：「啊～什麼事都不想做了！」這種時候，應該果斷地停下手邊的工作，去整理周遭的環境。

就結果而言，這樣反而能改善身心狀態，以便提高專注力來面對下一件工作。

45 坐愈久愈早死

根據美國癌症協會發表的數據顯示，每天坐超過6小時以上的人與未滿3小時的人相比，坐著的時間較久的男性會提高18％的死亡風險，女性則高達37％。

這其實也跟自律神經有關。**長時間久坐會使血液循環惡化，營養無法充分送到大腦及全身各處**，結果就造成專注力低落、精神渙散。

因此，應該養成頻繁活動身體的習慣。延長壽命當然很重要，不過這麼做也是為了調整好身體狀態，讓自己能隨時發揮最佳表現。

具體來說，可以每個小時站起身、休息一下。理想情況是外出一下，抬頭看看天空，做些簡單的伸展操。這時若再深呼吸、喝杯水，就能完美地重整自律神經了。

只要保持良好的習慣，讓自己隨時處於最佳狀態，必定能提高工作品質。

沒辦法外出休息的人，**可以在進行各種工作時頻繁站起身子，並保持動動手腳的習慣**。

最糟糕的是自己不動，總是請他人幫忙的人。

例如：想列印資料時就請印表機附近的人幫忙把印好的資料拿過來；或是只要有什麼需要就說：「〇〇，幫我拿來好嗎？」結果一天當中只有吃午餐跟上廁所時才會站起來，這簡直就是負面教材。

職位愈高，這類型的人就愈多。然而，請各位理解一點：這麼做只會令自己的身體狀況更加失衡，工作表現也會因此而直線下滑，還會早死，可說百害無一利。

46

敏銳地感受溫度變化

自律神經對溫度的變化非常敏感。從溫暖的地方進入寒冷的地方或是反過來，都可能因為劇烈的溫差而使自律神經混亂不已。舉例來說，在炎熱的夏季從室外進入冷氣全速運轉的室內時，雖然進去的瞬間很涼快，但其實已經造成自律神經混亂、身體狀態惡化了。此時應該在汗水乾掉、體溫開始降低前，先披上長袖襯衫來應對劇烈的溫度變化。

冬天時，也常見有人連外套都不穿，就到附近的餐廳吃午餐，或到最近的便利商店買東西。這些人往往都是穿著一件薄西裝外套、縮著身子發抖，嘴裡還喃喃著「好冷、好冷」，快步走進餐廳或商店裡。

的確，待在室外的時間很短，大家應該都以為「稍微忍耐一下就好」，但這其實是意料之外的陷阱。**即使在外頭的時間只有3～4分鐘，混亂的自律神經卻需要3～4小時才能恢復**。

請各位不要忘記，午餐時段一旦自律神經受到干擾，整個下午幾乎就會處在不順暢的狀態。尤其是男性，往往對穿外套、披大衣感到麻煩，但是這些體貼身體的簡單動作，正是改善身體狀態的關鍵。

雖然不同的職場其環境差異巨大，但在做得到的範圍內要盡可能不要造成身體的負擔，才是保持良好狀態重要的工夫。**覺得「好熱」或「好冷」的時候，身體狀態就已經失衡了，專注力也會跟著大幅下降**。請各位細心注意到溫差變化，將自己保持在適當的溫度中。

47—盡量避免通勤時流汗

接下來要解說的——避免通勤時流汗，與前一篇「注意溫差」有著很大的關聯性，也是很重要的觀念。

很多人應該都是早上搭乘擁擠的捷運去上班的，光是通勤壓力，就足以嚴重干擾自律神經了，這簡直像是刻意打壞身體平衡後才前往公司上班。話雖如此，也不可能因此就避開早上的通勤尖峰時段，因此我建議至少要做好不會流汗的準備，讓自己在通勤時能舒適一點。

舉例而言，冬天時，雖然外面很冷，但車廂內往往異常的悶熱。這時，可以在大衣內只穿一件T恤去上班。如果從住家到車站、從車站到公司的距離都不是很遠的話，那麼這個方法就值得一試。

要是只穿一件T恤實在太過單薄，改穿輕薄一些的冬季衣物也可以。此外，**穿寬鬆的休閒服去上班，到公司後再換穿襯衫並繫上領帶**也是個不錯的方法。雖然有些麻煩，但只要費點心思就能調整身體狀態、提升工作品質，那就一定要試試看。

除此之外，**公事包太重也是需要注意的地方**。如同前面提過的：最佳化隨身物品。如果包包太重，當然會令身體感到疲勞，造成相當大的壓力。

因應各地最近都在推行電子化，藉此來減少攜帶書面文件，這也比較容易減輕包包的重量。另一方面，現在更多人需要攜帶筆電、平板、各類充電器及連接線等物品，因此請務必重新檢視自己的隨身物品並進行適當的調整。

48 通勤時的步調更應該「平緩而有節奏」

早上通勤時，常看見為了轉乘電車而狂奔的人。雖然知道這是為了避免錯過預定要搭乘的班次，但我總會忍不住地想：「為什麼不提早5分鐘出門呢？」可能有人會反駁「早上想再多睡5分鐘」、「如果趕不上這班車，就要再等10分鐘」等等。

這些理由我都知道。

但我希望大家更重視的是：上下班時的奔跑（著急、慌張）會在一瞬間擾亂自律神經的運作，反而會讓工作時的身體狀態變得很糟糕。

為了到達公司後能以最佳的狀態來面對工作，最好的方法就是通勤時走路要走得更平緩、更有節奏感。

慢慢走不僅不太會流汗，有意識地慢慢走還能幫助自己讓呼吸更有深度，光是這麼做就能調節自律神經了。而有節奏的步調也能適度活化副交感神經，讓自己進入平靜的狀態，這將有助於提高專注力。

平時總是急急忙忙去上班的人，請試著搭上早一班的捷運，並在**從家裡到車站**、**轉乘**、**從車站到公司這三個區間**，都以平緩而有節奏的方式來走路。只要這麼做，就能在工作前將身體調整到最佳狀態。

雖然早上多睡5分鐘也可以，但從調整狀態的角度來看，早點出門並慢慢走，能得到遠超於前者的效果。

49 提高睡眠品質的三個要素

關於調整身體狀態，睡眠可說是最重要的關鍵因素。

睡眠不足會令隔天腦袋昏昏沉沉的，沒辦法好好工作。我想每個人都有這種經驗，而這也是睡眠不足引起自律神經紊亂的證據。

一天中，自律神經會出現有規律的變化。到了夜晚，交感神經會降低活性；副交感神經則會提高活性，使身體進入休息模式，讓人慢慢睡著。

若是睡眠不足，就會使交感神經始終處於優勢，無法順利提高副交感神經的活性。換句話說，就是會讓副交感神經持續處於極端低落的狀態。

早晨本應是交感神經開始活躍的時間，但前一晚若沒能好好地活化副交感神經，副交感神經便會以極端低落的狀態度過一整天。一旦自律神經失調，就會使血液循環變差，無法將氧氣、營養充分送到腦部。

因此，為了提升睡眠品質，希望各位能注意以下三個要素：

1. 晚餐至少要在睡前3小時吃完

2. 睡前2小時不要看手機、電腦或電視

3. 一定要洗澡，並在睡前2小時洗完

洗澡方式會在下一篇詳細說明。

總而言之，只要每天意識到這三件事就能提升睡眠品質。睡前滑手機會降低睡眠品質，請務必改掉這個習慣。這三項的共同點就是夜晚要盡可能過得悠閒舒適，養成提高副交感神經的生活習慣。

50 最佳入浴法是水溫39度，5分鐘全身浴＋10分鐘半身浴

為了調整好身體狀態並重置一天的疲勞，夜晚洗澡是非常重要的事。請注意，洗澡**不是淋浴就好，必須在浴缸裡泡澡**。然而，許多人並不知道調整身體狀態的正確入浴法，只是一直在洗熱水澡；或是像參加忍耐大賽一樣，長時間浸泡在熱水裡。這些方法其實都是錯誤的。

趁這個機會，我希望能讓各位瞭解正確的入浴方法。首先，水溫應設定在39～40度，接著，將溫水從肩膀淋向全身，最後再慢慢泡進浴缸裡。如前面所述，自律神經對溫度的變化十分敏感，因此，重點在於**用溫水讓身體習慣後，再入浴**。

接下來，泡5分鐘的全身浴。由於**頸部有很多影響自律神經的感測器**，所以泡到

脖子、讓全身暖和起來，便能達到調整身體狀態的效果。最後再泡10分鐘的半身浴。我想大家常聽到「泡完半身浴後，就算走出浴室也不會感到很冷」的說法。這的確是事實，我也建議各位好好地對下半身進行保暖。

不過，**要是泡太久，好不容易放鬆的身體又會再次興奮，交感神經也會隨之活躍起來**，因此10分鐘就應該結束半身浴了。

泡半身浴來暖和身體時，不會像泡完全身浴那樣起來時會感到很冷，溫差的影響非常小。

此外，「5分鐘全身浴＋10分鐘半身浴」的時間長度，可隨個人喜好減少，請各位找出最適合自己的泡澡時間。

51 — 晨浴的效果只有提神醒腦

我想有很多人都是每天早上沖澡吧？

如同前一篇所說的，若要在早上淋浴或夜晚泡澡之中二選一，我當然希望各位果斷地選擇後者。

這是因為**早上淋浴不太能調整身體狀態**。

當然，早上淋浴可以起到提神醒腦的效果。

夜晚睡覺時，人體的副交感神經會占優勢，進入所謂的「休息模式」；早上起床後，交感神經就會慢慢提高活性，切換成「活動模式」。然而，當疲勞得不到紓解、覺得身體有氣無力時，交感神經的活化過程會變得很不順利，始終無法進入活動模式。簡言之，就是處於**睡不好**的狀態。

這時沖個澡、提高交感神經，便能在一瞬間按下活動模式的開關，這的確是很有效的做法。

不過，這裡希望各位注意到一點。晨浴的效果只限於「雖然身體狀況還不錯，但睡起來感覺不太舒暢」的時候。**要是有不適症狀，就不應該淋浴**。例如：腹部或胸部感覺悶悶的、有點頭痛、感覺到寒冷，或是各處的關節疼痛等等，淋浴反而會使這些症狀惡化。

尤其是冬天，淋浴後還會提高感冒的風險，因此習慣在早上淋浴的人，還請充分理解淋浴的效果及應該注意的重點後，再妥善運用於生活中。

52 每週設定一天睡眠日

如前面所述，睡眠是調整身體狀態至關重要的因素。

睡眠時間太短、睡眠品質太差，都可能使副交感神經無法順利活化，導致無法消除身體疲勞，進而感到疲憊懶散。這麼一來，隔天起床後，就會變成只有交感神經異常興奮的狀態，導致心跳加快、過度緊張，甚至覺得煩躁不已。

忙碌的商務人士多半有慢性睡眠不足的問題。睡眠要是不夠充分，身體狀態就會變得糟糕，必定會影響到工作表現。這麼一想，可以說**睡眠也算是工作的一環了**。

理想上每天以能睡到7個小時為佳，若是難以達到這個目標，至少每週要設定一天為「睡眠日」（而且最好是工作日）。

那天不加班、不聚餐、早點回家、慢慢泡澡，也不要一直看電視或玩手機，並做好充分的睡前準備。只要像這樣刻意保留一天的睡眠日，就能確實地重置身體狀態。**脫離負面狀態，從正面的狀態重新開始**，這可說是調整狀態中很重要的觀念。如果睡眠日是設在假日，那麼，從上午開始便可以度過「能讓自己睡得更好的生活方式」了。

睡眠時，褪黑激素會發揮重要功能。而製造褪黑激素則需要另一種激素——血清素。現今已知適度的運動可產生血清素，**因此，假日的白天最好健走，囤積一些血清素在體內**。走路時速度不需要到激烈運動的程度，保持有節奏的步調即可。這麼一來，自律神經便能得到調節，**當天晚上的睡眠品質也會有所提升**。

53 利用遠距工作的空檔加入「5分鐘運動」

遠距工作所帶來的最嚴重問題是——變得不再需要動。

出門上班、在辦公室工作光是這樣其實就有相當程度的運動量了。走到車站、經過樓梯、移動到會議室，或是為了與人見面而多走一段路等等，在外工作時出乎意料地會讓我們必須時常走動。

但在遠距工作的環境下，就變得不需要四處走動了。因此我建議在每天的行程中安排一段運動時間，不用花費30分鐘或1小時，**只要每天排入三、四次的「5分鐘運動」即可**。

遠距工作下，像這樣利用瑣碎時間來運動應該也能得到公司的通融。

而這5分鐘該做什麼，我有兩個建議：第一個建議是**只做一個伸展運動**。想活動肩胛骨時，就只舒展肩胛骨；想伸展小腿或髖關節，就只活動小腿或髖關節。一次活動一個部位，盡量細心地做好伸展，這才是重點。

如果一天安排了四次運動時間，那只要伸展四個部位就足夠了。

不少人會想要同時伸展身體的各個部位，不過進行5分鐘運動時，完全沒必要這麼做。想要同時伸展各部位的想法反而會讓各個部位的活動不夠，而且根本就沒有那麼多的時間。

重要的是養成**利用空檔來活動身體**的習慣，**而不是反過來花太多的時間在運動上**，這反而會讓人半途而廢。

總而言之，5分鐘運動的重點在於一次活動一個部位。

54 利用「5分鐘運動」，慢慢做十次深蹲就好

承接上一篇，5分鐘運動的第二個建議是緊接在一個伸展運動後，**慢慢做十次深蹲**。一開始時先緩緩地下蹲，直到大腿感覺到負擔後，再慢慢恢復成原來的姿勢。雖然每個人的體力與肌力不同，但基本上沒必要再繼續蹲得更低。比起蹲得很低而**承受強烈負擔，緩慢且細心地做，更加重要**。因此，只要「慢慢深蹲」十次就好。換算成時間，僅需花數分鐘，但效果超群。若一天設定四次5分鐘運動，就能做到四十次的深蹲了。

雖然看似簡單，但每天持續不懈地做，就能解決運動不足的問題。

即使是年紀大、已經不能運動的人，上半身的肌肉也不太會衰退太多，下半身膝

蓋以下的部位也不會變太細。**最容易因為不運動而出現顯著變化的部位，其實是大腿肌群**。

就算是過去常運動的人，若是長期運動不足，也會變得連爬個樓梯都覺得疲累，這正是大腿肌群正在衰退的徵兆。這麼一來，腿部就會愈來愈難以支撐身體，導致容易發生摔倒或是墜落等意外事故。簡單來說，**就是站不住了**。

實際上，新冠疫情發生後，醫院確實增加了許多摔倒及墜落的急診事件。因此，建議大家多多利用遠距工作的空檔，加入5分鐘的運動時間。這樣不僅能解決運動不足的問題，緩慢、平穩的伸展運動及深蹲也**有助於增加呼吸深度、轉換心情，以及調節自律神經**。

55 ── 透過運動來整頓內臟的狀態

我在前一篇已經說明了運動的重要性。其實，運動也有助於調整內臟的狀態。自從新冠肺炎爆發以來，門診患者最常提到的症狀大致上是：頭痛、暈眩、食慾不振、疲勞等，一般被稱為不定愁訴症。

這類症狀即便進行血液檢查也難以發現異樣，但只要監測自律神經就會發現**活力指數**極端低落的現象。「活力指數」指的是自律神經的綜合能力，也就是交感神經與副交感神經能彼此適時切換、保持穩定平衡的能力。

想要提高活力指數，就要動起來。**與其讓身體休息，不如不斷地活動、促進血液循環**，這麼一來才會變得更容易消除疲勞，內臟狀況也會改善許多。

受到影響還不只這些。各位有聽過「腦腸互動」這個詞嗎？意思是只要**「腸」開始活化，也會給「腦」帶來好的影響**。

雖然過去對腸道與大腦之間的關係並沒有清楚的認知，但現在根據慶應義塾大學團隊的研究發現：來自腸道的訊息都會匯集在肝臟，再經由迷走神經（能左右內臟功能，唯一一組從腦連接至腸的神經。大部分由副交感神經的纖維組成）傳至腦部。

運動不只可以增加肌力，還能整頓內臟狀態，進一步為腦部運作帶來正面影響。

窩在家裡的時間太長、因為疫情而鬱鬱寡歡的人，更應該試著安排5分鐘運動，並養成隨時活動的習慣。假日也要盡量安排時間，特意外出走走、活動身體，這樣無論是對腸道還是對腦部狀態都比較好，可以讓心情與身體更加輕鬆。

第 5 章

稍微改變
飲食的內容與習慣

調整飲食的方法

56 — 早餐能開啟正確的身體活動週期

若想保持良好的身體狀態度過一整天，就一定要吃早餐。這麼做不僅可以補充能量，更重要的是**可以啟動時鐘基因**，請各位好好記住這一點。

所謂的時鐘基因是指一種掌管體內生理時鐘的基因，能控制人體一整天的晝夜節律。早上起床後，自律神經會從副交感神經轉移至交感神經占優勢的狀態，到了夜晚再慢慢回到副交感神經占優勢的狀態，使人體進入睡眠狀態。想要每天處於正確的生理週期，早餐就扮演著很重要的角色。

可以將最好的早餐菜單想像成**樸素旅館的早餐**。飯只要裝五～七分滿，從水煮蛋、火腿蛋或魚中選一種當配菜；加上約⅔盒的納豆，以及海苔與味噌湯，這樣就是完美的早餐了。

是不是看起來就像是樸素旅館的早餐呢？

早餐的量控制在**六、七分飽**就可以了。這麼一來，不但不會造成腸胃負擔還能打開時鐘基因的開關，作為開啟一天生活的能量來源。

相信大部分的人早上都很匆忙，但其實最好是在吃完早餐後，還能花20～30分鐘邊喝茶邊慢慢休息。

吃飯快的人，可能5分鐘就能吃完早餐了。然而，**匆忙的生活步調會令交感神經急速提升，反而無法順利開始一天的生活**。

好好吃上一頓樸素的早餐，再悠閒地喝杯茶。

養成這樣的習慣，就能贏在一天的起跑點上。

57 飲食的準則是「六分飽」

吃飯基本上只吃六、七分飽。只要堅持這個習慣，身體狀態就能有決定性的差異產生。這個習慣的最大目的在於**避免造成消化道的負擔**。

消化道從嘴巴開始，經過食道、胃、小腸、大腸，最後來到肛門，是一條用來消化的管道。

當然，自律神經也司掌這些器官的運行。如果飯吃到十分飽，就會對消化道造成相當大的負擔。吃飽之所以會感到頭昏昏沉沉，就是因為血液全集中到消化道去協助消化工作，導致其他器官沒辦法充分運作所致。

因此希望各位記：**對身體的一部分造成過多負擔**是最大的禁忌，這也是調整狀態的基礎觀念之一。例如：吃太多而造成消化道負擔太大；長時間使用電腦或手機，造成眼睛負擔過多。

最重要的關鍵在於**不要讓特定器官發揮100%的功率**。無論是飲食、工作還是生活，都應該貼心地讓特定器官輪流休息，以免這些器官太過操勞，這是調整狀態很重要的觀念。

順帶一提，唯有腦部是只要醒著就應該盡量使用的部位。不過，使用方式上需要一點技巧。譬如若一直對著電腦工作，可以聽些音樂、稍微改變大腦的使用方式，或是聞些令人放鬆的香味、外出呼吸新鮮空氣、眺望不一樣的風景等等；總之，改變用腦方式是很重要的。

反正不論做什麼，都不要給同一器官帶來太大的負擔。

所以，只吃六、七分飽。

58 回推一日行程，有計畫地吃

想調整好身體狀態，**不要暴飲暴食**，這是基礎中的基礎。話雖如此，總有時候會碰上不得不吃的情況，例如：受邀參加聚餐或是朋友邀約燒肉吃到飽等等。在調整身體狀態時，沒必要做到像一流的奧運國手般，在競技前進行徹底的飲食管控。說到底，這對一般人來說是做不到的。

因此，我希望各位稍微留意一件事：吃飯時**回推一日行程，有計畫地吃**。舉例來說，**若是今晚有聚餐或是跟朋友約好要吃燒肉，那麼中餐就少吃一點，以便應付晚餐要吃很多的情況**。另外，參加酒會時，可以先確認一下目前的身體狀態，事先決定好今天喝酒就只喝這樣的量等等。

簡言之，**調整狀態的基礎就是事先做好規畫**。

若不定標準、抱持順其自然的態度，往往會吃太多、喝太多，導致隔天早上後悔不已。所有的調整**一定要「當天了結」**。

「因為喝太多酒、吃太多東西，所以不吃隔天的早餐」並不是正確做法。若隔天吃不下，通常只是因為覺得噁心、沒有食慾而已。雖然「在吃太多的隔天做飲食調整」總比什麼都不做來得好，但這裡要傳達的重要觀念是**在當天可以調整的範圍內調整飲食**。

年輕時稍微勉強一點，也許不會出什麼大問題；**但到了30、40歲，自律神經會變得更容易失調**，所以希望各位最好也開始注意自己的飲食狀況。

59 以超商食品解決一餐時，順便買湯跟納豆

我想不少人會買超商的食物來解決一餐吧？尤其是中餐，有的人甚至每天都買超商食品。

這時需要注意一點，**不要買太多**。

這也是基於吃飯吃六、七分飽的準則，因為在買超商食品時通常都會多買一點。舉例而言，明明已經買了便當，卻總覺得好像少了點什麼，於是又拿了一個飯糰或麵包，或是多買了放在收銀台旁的糖果和甜點。這些都是很常見的行為。

最近的杯麵和乾泡麵都很喜歡推出超大份量的商品。我很常看到有人買，但其實並不建議大家購買這類商品。

以超商食品解決一餐時，請以**少量**為目標來選購。

如果想成為高段的超商食品食客，挑選時**最好加上湯品和發酵食品**。

與其買大份量的便當加上一個麵包，還不如選擇小份量的便當、飯糰或三明治，再加上一碗湯。超商的湯品種類眾多，味噌湯或蔬菜湯都好，我真的建議用餐時加上一碗湯。喝湯不僅能暖和身體，還能得到喝湯才有的滿足感。

若能再加上優格或納豆等發酵食品，那就是最棒的一餐了！

雖然只是一個小細節，**但只要改變在超商買東西吃的方式，就能帶來更多樣的用餐體驗**。常吃超商食品的人，希望能養成這樣的習慣。

60 — 無醣減重法在醫學上是不健康的

不少人會為了減重而實行無醣飲食的生活，但從醫學角度來說這並非好方法。對平時習慣吃很多米飯或麵包的人來說，減量飲食確實是件好事。基於吃飯吃六、七分飽的準則，吃超過這個量的人願意進行減量飲食自然再好不過。

然而，靠斷絕所有醣類來減重是相當極端的做法，反而會造成身體上的負擔。**人體本來就需要醣類**、**油脂及蛋白質**。均衡地攝取營養，才能**維持身體的健康**。如果刻意將醣類減到極低，身體就會自動尋找替代品來彌補不足的營養。這也意味著會對身體造成負擔。

根據研究已知，**無醣飲食、其實會對肝臟及腦部造成負擔**。

此外，徹底限制醣類攝取的減重方式也很容易出現反彈，甚至有報告指出，這樣反而會造成脂肪肝。

不管怎麼說，極端又不均衡的減重法絕對不可能對身體帶來好的影響。如果真的想減重，與其採用「不吃」的偏激方式，不如重新審視自己的生活習慣，會更有效果且更健康。

在此，我推薦給各位一個合理的減重方法，那就是養成**早睡早起的習慣**。

晚餐至少在睡前3小時吃完，並且只吃到六分飽。早上早點起床，精力充沛地度過一整天。

只要實行這樣的生活方式，任誰都能在保持健康的同時又減少飲食份量。

61 蔬菜「被丟掉的部分」才是最營養的

健康飲食中，蔬菜是不可或缺的主角，可說是基本中的基本。不過我想再提醒一點，希望各位吃蔬菜時最好能吃**被丟掉的部分**。

這是以美食家聞名的小山薰堂先生告訴我的，**蘿蔔的葉子、紅蘿蔔的皮等部分一般都會被丟掉，但這才是營養最豐富的部分**。因此，含有這些部位的餐點才是最好的飲食菜單。

即使是烹調時難以處理的部分，只要跟其他蔬菜、水果或蜂蜜一起放進果汁機裡打成泥，就能輕鬆享用了。較硬的部分，也可以水煮或炸成天婦羅，都很好吃。

除此之外，可以用果汁機打碎後，再加進咖哩中享用。

想像並嘗試各種烹調方式不僅有趣，還能大幅減少食材的浪費。

撇除營養層面的考量，我想各位吃較硬的食物時，應該都會先仔細咀嚼。**「仔細咀嚼」具有調節自律神經的效果**，與慢步健行的效果非常類似。此外，還能放鬆臉部肌肉，讓表情看起來更加溫和。目前實驗已經證明，即使是裝出來的笑容也沒關係，**只要表情變得柔和，自律神經就能得到調和**。

不僅如此，若是意識到必須細嚼慢嚥，就能**集中精神在吃飯這件事情上**；可以擺脫吃飯時漫不經心的狀況，獲得正念效果。

雖然只是飲食上的小細節，但只要稍微留意，就能良好地調適身體狀態。

62　「不重要的聚餐」就不要喝酒

人生中，總是有許多交際應酬。如果是人數少、相談甚歡的聚會也就罷了，但有時候就是會碰上明明不想參加、卻又不得不去的聚會。我想任何人都有過這樣的經驗。在這類**「不重要的聚餐」上，絕對不要喝酒**。

我建議各位抱持著這樣的想法去參加聚餐。

既然已經無可避免，就乾脆放棄吧！但是，如果連這時都要拿酒來損害健康，那就真的太虧了。

實際上，我參加這類酒會或聚餐時，也完全不碰酒精，只會喝點烏龍茶、說些必要的對話就回去了。

不僅如此，**吃飯也只吃五分飽就好**。以我而言，會選擇盡量都不要吃。

居酒屋料理本來就不可能吃飽，再加上聚餐的目的只是基於交情，只要做做樣子就可以了。

最後端出來的飯或麵類料理，更是能不吃就不吃的好。

對我而言，我會將參加不重要聚餐的那天想成是**瘦身日或是減量日**，少吃一點，也不要喝酒。

除了在日常生活中實踐這個原則，每年的春酒或尾牙時也會多加注意。

順帶一提，我即使參加婚宴，也只吃個半飽左右。畢竟完全不吃也不行，所以我會從一開始就決定只吃半飽。

只要像這樣決定好接下來的目標，就能輕鬆地維持良好的身體狀態了。

63 偶爾改吃不同品牌的優格，以提高「腸內多樣性」

優格是整頓腸道環境的最好食品之一。

以前就有一個說法，與其一直吃同種的優格，不如**偶爾改變種類**，**為腸道增加各種好菌**，近期也有研究證實了這個說法。

以前的主流做法是「找到適合自己的優格」或「選擇適合自己的菌種」，不過隨著研究的進展，結果顯示**腸道菌的多樣性與腸道環境的好壞呈正比**。

市售優格的選擇非常多樣，沒必要勉強吃會讓腸胃不適的種類。可以吃同間公司的同種產品兩、三星期後，再換另一種優格試試。

每天吃100～200公克是最適當的吃法。

我建議可以在無糖的原味優格裡加入有整腸作用的蜂蜜，或是搭配香蕉、蘋果等也是不錯的選擇。

有句話說：「早上吃水果是金，中午是銀，晚上是銅。」這句話可以解釋成因為早上是腸道沒有任何負擔的時段，所以吸收特別好。如同前面所述，早上最好吃得如同樸素旅館的早餐，若再加上含有蜂蜜及水果的優格，對腸道環境來說就是最好的一餐了。

發酵食品本來就具有整腸的功用，因此**積極攝取納豆、味噌及優格**，就能夠幫助我們調整好身體狀態。

64 每天喝兩杯黑咖啡

現在透過各種研究已經證實，咖啡對健康確實有正面影響。
最近更有論文指出，咖啡能預防帕金森氏症、失智症及高脂血症。此外，根據哈佛大學的研究可知，**咖啡具有增加血清素及多巴胺分泌量的抗憂鬱效果**。
除此之外，還有很多研究證明咖啡具有擴張血管、抗氧化等作用，為血液循環帶來良好的正面影響；咖啡因及多酚則能促進健康，這也是廣為人知的功效。
話雖如此，也不是喝愈多愈好。**最適當的量是每天2～4杯左右，而且要是熱的、沒有放其他東西的黑咖啡**。因為加入的砂糖或鮮奶油，對人體來說都屬於多餘的東西，基本上喝黑咖啡就好。

另外，溫熱的飲品有溫暖腸道的效果。

在寒冷的冬天理所當然會喝熱飲，不過最好連夏天也喝熱的。夏天往往會攝取大量的冷飲，導致腸道冰冷。這時，若再喝冰咖啡就會令腸道更冷，給身體帶來負面影響，所以還請各位選擇熱咖啡。此外，咖啡有刺激大腸蠕動的效果。趁這時候一舉將腸道溫暖起來，那真可說是一石二鳥，為腸道帶來更全面的幫助了。

咖啡還具有放鬆的效果，可以在工作疲累的午後，花15～20分鐘慢慢喝杯熱咖啡。這是非常好的習慣。

不僅如此，**咖啡因會適度地刺激交感神經**，有助於下午繼續專注在工作上。

65 橄欖油及亞麻仁油是通便利器

在調整身體狀態中，通便也是很重要的一環。

身為自律神經專家，我時常需要提供各種建議給苦於便祕的人。其中最簡單、最有效的方法就是活用橄欖油及亞麻仁油。

橄欖油及亞麻仁油可以作為腸道潤滑油，讓排便更加順暢。

以我為例，我在吃沙拉時會加入橄欖油及巴薩米克醋來代替沙拉醬，即使不放鹽，味道也足。巴薩米克醋本身就具有獨特的酸味，也很適合塗在麵包上，甚至能當作**鮪魚生魚片**的沾醬，風味與平時截然不同，各位不妨嘗試看看。

想搭配甜點來攝取橄欖油的話，我推薦製作簡單的**烤蘋果**。先將蘋果切半，挖掉蘋果芯後，加入約一小茶匙的蜂蜜及橄欖油，再用鋁箔紙包起來，放進烤箱烘烤就完成了。

蘋果富含水溶性膳食纖維，加熱後含量還會增加，是解決便祕的最佳食材之一。順帶一提，橄欖油含有Omega 9 脂肪酸及油酸，有增加好膽固醇、減少壞膽固醇的功效。亞麻仁油則含有豐富的Omega 3 脂肪酸，可以幫助預防動脈硬化及心臟疾病，並緩和過敏症狀。

每天喝一匙亞麻仁油是對健康非常好的習慣。

雖然什麼時候喝都可以，**但睡前喝有助於隔天早上的排便**。

第 6 章

回顧今晚，創造更順利的明天

調整行為模式的方法

66 關鍵不在「早上」，而在「昨晚」

本章的主題是調整行為模式的方法，將告訴各位改變習慣、行動及觀念的方法。一般人都會覺得一天之計在於晨。只要改變早上的習慣，就能做出不同的行動。確實相當合乎邏輯，**但站在醫師的立場，我認為還有更重要的事**。

如同前面所述，如果起床時自律神經已經混亂了，想要改變什麼就會變得非常困難。若起床時感到神清氣爽，或許還會積極地思考今天開始培養這個習慣吧！然而，若起床時已經覺得好累或是提不起勁，那就無力再去改變行為模式了。

也就是說，想重置日常的生活，就要選在夜晚。

最佳的起手式，就是先改變睡前的習慣。

因此，我接下來會向各位介紹可以在夜晚養成的習慣。希望各位先養成**睡前空出讓心情平穩的時間**。可以靜靜地看書，或是聽聽音樂來放鬆心情；只要沒有激烈的動作，用來做些有興趣的活動也沒關係。總之，**要保留30分鐘左右，讓心情平穩的時間**。

重點在於，這是**為了睡覺所做的準備**。看電視、滑手機、瀏覽社群網站或是與人聊天等等都不適當，一個人心平氣和地度過30分鐘才是關鍵。

說到改變行為模式往往給人一種充滿活力、積極進取的印象，但其實先從晚上保留悠閒的時間開始就好，這才是養成良好習慣的第一步。

67 回顧一天，用「成功」覆蓋「失敗」

度過30分鐘讓心情平穩的時間後，再保留**回顧一天的時間**，只要5～10分鐘就好。這並不是要你認真看待、嚴謹地回顧一天的所做作為，漫不經心地回想也沒關係，只要以平靜的情緒回想**今天這件事做得不錯，或是這裡好像做得不好**即可，接下來才是重點。

如果有失敗的地方，就具體想像「當時該怎麼做」、「下次該這麼做」等能夠改善或比較理想的做法。

我有次在餐廳用餐時，曾經因為酒太好喝，在服務生的推薦下不斷地喝酒，結果喝到過量，頭痛不已。

當天夜裡，我便回想這次糟糕的經驗，思考「要是當時拒絕第三杯酒就好了」，同時在腦中描繪出輕輕把手放在酒杯上、拒絕服務生再次勸酒的「真實的自己」。

簡而言之，就像是**覆蓋舊有的記憶**。

若能想像出寫實的情境，並用成功的想像覆蓋掉失敗的經驗，那麼當下次再遇到同樣的情境時，便能自然地做出自己認為更理想的行為模式。

這其實是非常重要的技巧，甚至可以說是**外科醫師的絕招**。

因為外科醫師在手術前，通常會在腦中進行非常多次的模擬演練。優秀的外科醫師還會再三回顧已經結束的手術，思考「要是當時這麼做就好了」，用極為寫實的想像來覆蓋原本的記憶。

想要每次都能做出更好的行動，這就是非常重要的習慣。

68 以寫「日記」來區隔每一天

覆蓋記憶之後，我還建議應該要養成**回顧一天並寫下日記**的習慣。

人到底為什麼要寫日記呢？

記錄當天的事情或回憶，確實是目的之一。

但身為自律神經專家的我之所以推薦寫日記，是為了**重置**。換句話說，是為了**區隔出每一天**。

隨著疫情擴大，日常生活漸漸少了變化。雖然疫情本身是歷史罕見的巨大變化，但隨著疫情發生，我們幾乎不再有機會與人見面吃飯、出門旅行、參加大型聚會等「與平時稍有不同的時光」。

不僅如此，當遠距工作成了新常態後，應該有很多人一整天都是在家裡度過的吧？過著這樣毫無變化的生活，往往會讓人變得愈來愈懶散，渾渾噩噩過日子。**在調整身體狀態中，最應該避免的就是長期持續「敷衍了事、漫不經心」的狀況**。

長期維持在良好的狀態下，自然沒關係，然而目前的環境實在很難做到。若整天都待在家中，且日常生活中又沒什麼變化，大多數的人應該都會感到心情低落，難以從生活中獲得適當的刺激與緊張感。

自古以來，人類便是會外出打獵、不辭辛勞地進行農耕的動物，所以**一直關在家中，本身就會造成生理上的壓力**。

正因如此，我們不應該持續過著渾渾噩噩的日子，而是需要刻意地重置生活。其中最有效的方法，就是寫日記。

69 透過日記瞭解自己正「好好活在當下」

具體來說，我們應該在日記中寫些什麼呢？

可以單純寫下「今天做了什麼」、「今天發生什麼事」等事實。

也可以針對這些事，補充「當時感覺怎樣」或「現在怎麼想」等心情。

關於日記的寫法並沒有什麼硬性規定，總之，目的在於為每天「容易過得渾渾噩噩的日常生活」做出明確的區隔。

「今天是這樣的一天」、「明天想過上那樣的一天」——光是這麼想，日常生活就能得到重置。

新冠疫情不斷蔓延時，我不斷地宣揚「好好活在當下」的理念。

不要被「接下來會變得怎樣」等的不安心情所侵擾，而是要意識到「現在」這個時間點，並妥善對待自己的生活。這是非常重要的心境。

只要每天都寫日記，至少之後就能回顧「那一天」。

正因為處在身心都容易崩潰的狀況中，我們才需要強烈意識到「好好活過現在」及「回顧度過的每一天」。

順帶一提，我為了在家中好好過生活，便**在家裡掛了一幅畫**。這幅畫原本放在妻子的診所裡。雖然我一直知道有這幅畫，但卻從來沒有仔細欣賞過。

我將這幅畫帶回家中後，掛在自己的房間裡。

一有機會就會專心地欣賞這幅畫，這麼做會讓我感到平靜並能打起精神。我想這也是一個「好好生活」的範例。

70 模擬演練明天，讓自己可以瞬間起跑

回顧完一天，將失敗經驗刷新成成功的想像，並寫寫日記為一天打上句點後，接下來就要**大致模擬一下明天一整天的行程**了。

這只是個睡前小技巧，因此不需要認真、謹慎地思考明天的行程，只要在腦海中想一下明天可能經歷的過程，簡單描繪幾個情境就好。舉例而言，可以這樣想：

到公司後，首先該做什麼工作、該處理哪些事？

若與人有約，該準備什麼、該講述哪些重點？

午餐後的非功能性時間，整理一下東西。

下午有空檔的話，就先處理完那件工作。

只要這樣大致想像一下明天一整天的經過，就能提升明天的充實程度。

最後，就是決定明天要穿的衣服。

雖然只是件小事，但卻意外地重要。**可以將穿上前一天就決定好的衣服當成是「正確」開啟一天的儀式**。若感覺到「準備充分、依照預定開始一天」，便能協調自律神經，提高當天的生活品質。以我自己為例，我連當天要穿的鞋子都會事先決定好，非常重視「正確開始一天的準備」。

現在請各位試著想像這樣的情境：在衣服、鞋子等一切整備妥當的狀態下開始一天的生活。是否會覺得這天特別平靜、精神狀況特別好呢？

我甚至會覺得，比起早上才急忙套上的衣服，**前一天就準備好的衣服也會感覺比較開心**。這個說法相當抽象，但總而言之我想表達的是：帶著積極正向的情緒開始一天是很重要的心態。

71 「感謝」是最棒的自律神經調節法

關於夜晚的習慣，最後的最後我想介紹的是「感謝」這個動作。

請各位試著在睡前跪坐在棉被或床上，心中默唸**「今天一天謝謝了，明天也請多多指教」**。可以感謝住在遠方的父母，也可以感謝朋友、同事或前輩。

感謝他人的時候，**心情會變得無比平靜**。這個狀態對於調適身心非常有效。

不用我多說，無論在人格特質上還是道德倫理上，感謝都是很重要的心態。不過，因為本書的重點是放在調整身體狀態，所以我會從這個面向來討論。

當在心中默唸「今天一天謝謝了」，呼吸就會變得平緩且有深度，體內的交感神經也會漸漸沉靜下來，取而代之的是副交感神經活化，使人體順利切換成休息或睡眠模式。若能順勢進入睡眠，當然就能**提高睡眠品質**。

因此，請各位務必**養成感謝的習慣**。

最後來整理一下夜晚的習慣。

首先是**保留約30分鐘讓心情平穩的時間**。

接著是**回顧一天，用成功的想像覆蓋失敗的經驗**。

再來是**寫日記來區隔不同的每一天**。

然後是**模擬演練明天一天的行程，並準備好要穿的衣服**。

最後是**跪坐在棉被上好好感謝他人**。

全部做完，總共要花費約45～50分鐘的時間。這麼做將會大幅提升隔天的生活品質，累積三、五年甚至十年後，你的人生必然會更有價值。

72 犯錯時一定要當場做筆記

前面在介紹夜晚的習慣時，有個「用想像的成功來覆蓋失敗」的方法。

其中最重要的目的，就是好好記住那一天的失敗。

人的記憶並非萬能，每天頂多只能記住一、兩個失誤，而且，還得是印象深刻到覺得「我真的搞砸了」、「真的很抱歉」這種程度才能記住。這麼一來，到了晚上就很難記起今天一整天自己到底犯了哪些錯誤。久而久之，「回顧一天」這個重要的習慣就會隨之淡忘了。

為了避免這種狀況，最有效的方法就是**犯錯時立刻做筆記**。

這裡所說的「失誤」**包含真的很微不足道的小事**。

「跟客戶洽談生意時，手機不小心響了」這種嚴重失誤當然要記下來。

除此之外，「想用行動支付，卻發現錢不夠」、「早上坐電車晚了一班，轉乘時只能用跑的」、「與同事吃午餐時聊太久」、「購物時少買了一樣必要東西」等等，無論什麼事都好，只要覺得「這失誤真不該犯」時，就要立刻拿出記事本記錄下來。

寫下這些無傷大雅（不會演變成嚴重問題，結束後會馬上忘掉）的小失誤後，便能順利在一天的最後進行回顧。

若能將這些小失誤用「下次這麼做就好」等想法覆蓋掉，行動的水準也能有飛躍性的提升。

還請各位成為一位筆記狂魔吧！

73 「這次一定能順利進行！」的感受很重要

記錄微小的失誤，再覆蓋成想像中的成功做法。

只要反覆進行這個動作，就有機會**再次遇上「同樣的情境」**。

舉例來說，犯下「必須向○○先生打電話，卻不小心耽擱了」這種小失誤，可以想像「當下立刻打電話」的成功做法來覆蓋掉。假設隔天又遇到「必須向△△先生打電話」的情境，那就是更新行為模式的最佳機會了。這時，心中就可以想著「之前都會不小心耽擱，這次一定要立刻打電話」，並付諸行動。

其實，意識到**「之前做不好，這次一定要～」的想法**，正是改善行為模式的關鍵。

生活中的任何事都可以這麼做。舉凡原本想隨意把資料放在桌上，卻想到「每次都隨便亂放，以後一定要放進資料夾或抽屜裡」並付諸行動；想到「平時在超商都買甜的碳酸飲料，這次改喝礦泉水好了」並付諸行動；想到「平常只要別人邀請就參加酒會，從今天開始一定要仔細思考參加目的後再去」並付諸行動。

像這樣反覆進行「省思、改善、行動」的做法是相當重要的。

一面對照過去的失敗，一面意識到**親自覆蓋的行動**。想改變行為模式並提升行動水準就只有這個方法，沒有其他捷徑。

紮實地累積這些經驗，或是一如往常下意識地做著「漫不經心的行動」，這之間的差距將決定一個人的行動水準高低。

74 寫出所有想改正的問題並評分

我在前一篇提到「之前做不好，這次一定要～」的心態很重要，是否能持續做到微小的修正將會左右人生。

這裡我建議還可以再多做一件事，那就是試著寫出所有的問題點，例如：想修正的地方、想改善的觀念、思維，或是想改變的行為模式等等。

簡單來說，**就是盤點自己的「缺點」及「糟糕的部分」**。

只要試著回想一下自己的生活，應該都能找出許多問題點，舉凡「愛說別人的閒話」、「與他人比較並心生嫉妒」、「忍不住吃甜食」、「跟新人聊天時老喜歡擺架子」、「開會時總會怯場，從來不敢主動發言」等等。

改變的第一步就是**寫下這些想改正的問題**。當無形的想法轉換成肉眼看得到的文字後，就更容易意識到這些問題了。

接下來，可以**每天為自己打分數**。

舉例來說，睡前回顧一天時，可以想著「雖然今天沒說閒話可以加分，但午餐後忍不住喝了很甜的拿鐵，必須扣分」，然後以滿分五分的方式來評。經過一個星期後，再算出當週的平均分數。

當然，人的行為沒那麼容易改變，肯定會有「今天完全不行」、「只能拿到零點五分」的日子。

但重點在於**不斷反省，持續為自己評分**。

大多數的人很容易就會放棄這個習慣，往往還沒修正好行為模式就半途而廢了，但只要堅持不懈地保持著，**終有一天能改變自己的行為**。

75 「只決定一件」接下來要做的事

本書中會不斷提到「自動化」這個概念。

當我們思考「接下來該怎麼辦」的瞬間，其實就已經為身體帶來壓力了。難得維持住的良好狀態，也可能因此而浮現負面影響。

愈是優秀的人愈能鉅細靡遺、縝密周全地思考「該思考的事」，**並徹底排除「沒必要思考的事」**。最簡單、最有效活用「不加思索，自動實行」這個原理的方法，就是**只決定一件接下來要做的事**。

舉例來說，從外面回到公司時，可以先決定一件事，例如：回去後寄電子郵件給某個人。

關鍵在於**只決定一件事**。如果一口氣決定做三、四件事，那麼最後很容易就演變成什麼都記不起來，只會困惑地想「奇怪？我原本想做什麼」或「好像本來要做四件事，可是都忘了」。

這樣只會徒增心理壓力。

可能會有人提議「把該做的事寫成清單不就好了」，但在我的經驗中，實在不太建議這個做法。把該做的事寫成清單時，書寫的動作就會變成目的。這麼一來，只要寫在清單上就會感到安心，而不會去檢視清單的內容了；還會變得只能做到一部分的事。更糟糕的情況是看著清單想著「該從哪個做起」，開始考慮起優先順序了。

這時，就完全不是自動化了。

想順利、精準地做出下個行動，就只決定一件事，除此之外別無他法。這項「一個法則」是最實際的。

76 回家後也要實行「一個法則」

將一個法則當作習慣，就會漸漸開始對「要做的事還沒決定」感到渾身不對勁。吃完午餐回到座位時，**若突然發現自己「好像還沒決定接下來要做什麼」，就會覺得很不自在**。當這樣的狀況變得理所當然時，就代表你的行為模式已經提升好幾個層次了。

在走路前往公司的途中，可以思考「接下來要做什麼」，專注在重要的「一件事」上；搭捷運或計程車時，也能集中意識想著「下一件事」。

等到抵達目的地後就可以如同條件反射般，不加思索地去做那「一件事」。**這才是真正的自動化**。

不僅是在職場上，回家的時候我也會貫徹一個法則。如果明天需要某件資料，我就會決定回家後要先把該帶的資料放進包包裡。這麼一來，回到家之後，我就會在換上居家服前先把資料放進包包。**因為回來就是為了做這件事，自然會記得很清楚**。

人的記憶很不可思議，只做一件事時，自然會聯想到兩、三件相關的事，像是「這個也要放進包包」或「這本書用不到，拿出來好了」等等，這樣便能一口氣解決好幾項該做的事情了。

最重要的是，**保持只決定一件事的狀態**。

如果回家之後，因為太累而直接休息、什麼也不做，那就會陷入前述所說的令人渾身不對勁的狀態。這時候，若能察覺到自己沒有執行一個法則，並重新拾起這個習慣，那麼生活中的行為應該都會因此而變得更加精煉。

77 進入「休息模式」前，先讓身體適應環境

相信許多人在結束工作後，回到家的瞬間就會把手上的東西一丟，說著「好累啊」然後直接躺到沙發上。

從身體機制來說，這不是進入休息模式的好方法。

如同前面所述，自律神經對溫度等環境變化非常敏感。在炎熱的夏天（或寒冷的冬天）進入家門的瞬間，可以說是溫度、濕度等各種環境變化最劇烈的時刻。理所當然地，自律神經會隨之大亂，交感神經也會瞬間飆高，令身體進入緊張狀態中。

在這個狀態下突然躺到沙發上，身體狀態就調不回來了。**即使本人以為自己正在休息，但身體卻完全沒有進入休息模式**。

因此，我還是推薦執行「一個法則」。

回家時，先去完成某件事，讓身體繼續保持活動。**這段「稍微動一下身體」的狀態其實相當重要**，因為身體會趁機漸漸適應新環境（家中）。

一邊活動一邊讓身體適應環境後（也就是完成一件事後），再換上舒適的衣服，坐到沙發上。

如此一來，身體才能順利進入休息模式。

每當忙碌一天、拖著疲累的身子回家，直接躺到沙發上時，常會有「不管過多久，身體都沒恢復、完全提不起勁」的感覺吧？

這其實並非單純只是勞累的緣故，而是沒能順利進入休息模式所致。

因此，疲累的時候，更應該實踐「正確進入休息模式的方法」。

78 任何行為都有助於確認自身狀態

調整狀態的基礎之一，就是感覺到身體「現在好像有點不舒服」或「現在狀態不太好」的時候，立刻對身體做出應變措施，盡快擺脫負面影響，進入好的狀態。具體的方法有很多，像是：喝一杯水、整理周遭環境、走路有節奏感、深呼吸等等。然而在這之前，更重要的是**要能察覺「現在處於什麼狀態」、「身體有什麼狀況」**。

人總是不太關注自己的狀態，一直要等到「真的提不起勁」、「累到無精打采」或「身體沒力氣」時，才會察覺到身體出狀況了。

因此，我建議**透過各種行為來確認自身狀態**，瞭解當前的身體狀況。

舉例而言，早上刷牙時，就可以觀察自己是否「心平氣和、悠閒地刷牙」，還是「心煩氣躁、急急忙忙地刷牙」。

藉由檢視這些生活細節來評估身體狀態。

若感覺到煩躁或慌張，那就是身體狀態開始惡化的前兆。這時，可以用「喝水」、「深呼吸」等方式來改善。

舉凡走路到車站的速度、換衣服時的情緒、對尖峰時段的電車感到有壓力等等，日常生活中的任何一件小事都能提供我們訊息，讓我們瞭解自身的狀態。

如果能細心地捕捉到這些訊息，便能順利整頓好身心；要是置之不理、放任身體狀態繼續惡化，自然就得花更多的時間才能恢復到好的狀態。

79 愈忙碌愈要「從容、細心」

多數情況下，**一旦自律神經混亂，所有的行動都會變得草率**。

當極為忙碌的時候，有人跟你說「麻煩你看看這文件有沒有問題」時，大家通常都會敷衍了事，心想「都忙成這樣了，不要再把麻煩的工作丟給我」吧？

這時，不僅字寫得潦草，還容易出現失誤或疏漏。

我一直到幾年前都還屬於很容易煩躁的人，所以十分瞭解這種心情。

但我希望各位知道一件事。

如果因為焦急而匆忙作業、敷衍塘塞，反而會進一步擾亂自律神經，導致自律神經嚴重失調。

忙碌、慌張的時候，自律神經就已經很混亂了。此時若不靜下來調整身體狀態，就會持續惡化，導致自律神經亂成一團，降低工作效率及品質。

請各位想像一下。

正是忙碌、緊張的時候，不是更應該提高專注力、有效率地完成工作嗎？

所以愈是忙碌，就愈要抱持著「從容、細心」的心態來工作。這點相當重要，因為只要意識到，身體狀態就能漸漸調回來。

愈忙碌愈要從容、細心。

如果被忙碌沖昏頭，感到心煩意亂、做事變得急忙倉促，那都只會讓工作表現更加低落而已。

80 — 不以工作的重要程度做出區別

工作時，要區分每件事情的緊急程度和重要性。

我想應該有很多商務書籍都是這麼教導的吧。

的確，列出每件事情的先後順序有其必要性，然而我認為以重要程度來排序其實並非正確的觀念。

以外科醫師為例，就會變成**癌症手術很重要，闌尾炎手術就不用那麼注重了**。

可是事實上，對醫生來說絕對沒這回事。

以我為例，我身兼數職，不僅要親自治療病患，還要撰寫研究論文、參與學會，過去甚至還需要整理前輩的資料、幫客人倒茶等等。

這些經驗令我深刻感受到，**沒有任何一件事情是可以輕忽的**。即使只是倒茶水的工作，只要好好思考「對方會喜歡什麼茶？」、「如何泡得好喝？」或是「端給客人的最佳時機是什麼時候？」自然也會變得認真無比，並從中學習到很多道理。

覺得「倒茶不是自己的工作」、「這種工作沒有意義」、「隨便做就好」的人，到最後不管做什麼都難以成為真正意義上的行家。

每天的工作中，有些會感覺很有意義、有些則令人厭煩。我想任何人都是如此。

但是，**只有在面對乍看之下「不重要的工作」時，才能看出一個人真正的價值所在**。

81 行動前先思考「為了什麼而做？」

接下來要介紹的調整方法與前一篇提到的「不區分工作的重要程度」有關。那就是無論做什麼，都應該思考「到底是為了什麼而做的」。

有些人只是基於別人拜託，就替客人倒茶；但有些人會思考「為了什麼而倒茶」。這兩種人的工作品質就會出現明顯的差距。

各位是否仔細思考過「為了什麼而倒茶呢」？

即便只是倒茶也有各種目的，舉凡「為了讓對方開心」、「為了讓客人心情愉快，以便之後順利洽談生意」、「希望對方可以藉此暖和身體」、「希望對方可以喝點冰茶來消暑」等等。

重點在於**意識到工作的目的才能改變工作方式**。

不僅限於倒茶，無論是彙整資料、開會，甚至是參加酒會，都應該思考目的為何。如果對眼前的工作感到「無趣」、「提不起勁」或認為「做這些事根本沒有意義」，其實是因為沒有真正理解工作的目的。

在我的經驗中，世上沒有「毫無價值的工作」或「無用的工作」。

就算是對你來說是毫無目的的工作，對其他人而言卻具有**某種意義及價值**。

正因如此，我在進行任何工作前都會先謹慎、仔細地思考**這件事的目的**。

因為藉由思考工作的目的，不僅能強化工作動機，還能提升自己做任何行動的水準。

82 找到適合自己的「休息充電法」

本章最後要來談談「休息、充電的方法」。

首先要請各位理解一個大前提：**人的專注力其實無法持續太久**。

不管再怎麼努力，專注力頂多只能維持90分鐘，之後就會迅速渙散。

因此，在喪失專注力之前，提前休息、調整好身體狀態正是關鍵所在。

我建議最好**每個小時休息一次**。

雖然有好幾種具體的休息法，但只要採用適合自己的（能在職場、環境中實現的方法）即可。

例如：長時間坐在椅子上的人，最好的方法就是「動」。

長時間保持同一姿勢會讓血液循環變差、擾亂身體狀態，因此**上下樓梯、前往廁所、做些簡單的伸展操**等的休息法是最好的。

另外，實驗也證明聽喜歡的音樂能提高副交感神經，讓身體放鬆。閉上眼睛，聽一首喜歡的曲子並好好休息，或許也是不錯的方法。即使不聽音樂，光是閉上眼睛、放空腦袋（也就是所謂的冥想）也能起到調整身體狀態的效果，還請各位嘗試看看。

如果只是**閉目冥想1～2分鐘**，應該在任何職場都能做到。

重點**不是「因為累了而休息」，而是「為了調整身體狀態，才有計畫地休息」**，這個觀念很重要。

最後不用我說，此時也別忘了執行「一個法則」。

先決定好休息後要做的一件事，然後再休息。

這麼做可以讓「工作↓休息↓再工作」的過程變得順暢無比。

第 7 章

正確應對壓力

調整精神的方法

83 — 怒氣上升時就先閉上嘴巴

不論在是在工作上還是在私生活上，都會發生令人氣憤的事。

不過我希望各位記住一個事實：**生氣只會擾亂自律神經、徹底破壞身體的平衡狀態**。一旦自律神經失調血液循環也會隨之變差，無法充分將氧氣及營養送到腦部，導致失去冷靜判斷事情的能力，也無法好好控制自己的情緒。且自律神經混亂後，至少要花3～4小時才能恢復；因此，生氣後就必須讓自己暫時得在糟糕的狀態下工作。

瞭解身體運作的機制後，就能知道生氣多麼沒意義，只是個有害無益的行為。即便如此，生氣還是轉瞬間（而且自動自發）就會產生的情緒，叫人不要生氣實在是相當困難的事。

因此我提出的建議是：一旦感到自己快要生氣了，就先閉上嘴巴！**總之先保持沉默，好好深呼吸**。請在生活中養成這樣的習慣。

「生氣」這個情緒很不可思議，在意識到「自己快要生氣」的瞬間，就至少會收斂50％。若此時再進一步決定「先保持沉默」，然後深呼吸，就能讓自律神經不受到嚴重的干擾。也就是說，我們要掌握好自律神經開始變得不平穩的瞬間，**在混亂進一步擴大前，率先做出妥善的對策**。

當自己感覺到火冒三丈、無論如何都想告訴對方什麼時，不要任憑怒氣的驅使當場開口；而是要先好好調適好身心，再用更效的方式告訴對方。請各位做出這樣的選擇，這才是正確的做法。

84 「決定好不生氣」就能減少20%的憤怒情緒

從幾年前開始，「憤怒管理」成為一個相當流行的概念，目前已經發展出許多關於控制憤怒的理論及方法。

憤怒會擾亂自律神經，可以說一點好處也沒有。

上一篇提到一個控制憤怒的方法：當感到生氣時，先閉上嘴巴。

不過，還有一種更簡單的做法，那就是**先決定：不要生氣**。

各位肯定會充滿疑惑地想著：「只要這樣就可以了嗎？」

這個世上有各式各樣的人，更多是走在路上、乘坐捷運就會遇到的令人生氣的事。例如：疫情期間還有人不戴口罩在慢跑，想必各位應該會湧現一股怒氣吧？

這時候只要想著「我決定不生氣」，就能降低20%的怒氣。在人際關係中，碰到快令人發飆的瞬間，也請想起這個決定，做好「即使憤怒的情緒席捲而來，我也決定不生氣」的心理準備。

世上無完人，就算再怎麼忍耐有時候也會生氣。這種時候，只要反省一下「我明明決定不生氣了，卻還是不小心發火了」，就能漸漸控制住自己的憤怒。

有句話說：「你不是我」。其實**大多數的憤怒都是源自於想將自己的想法、價值觀強加在別人身上的行為**。當別人說出或做出違反自己價值觀、倫理觀的事情時，就會忍不住湧現憤怒的情緒。然而，事實很單純，因為**你不是我**。

向他人尋求同樣的想法，這本身就沒什麼意義。因此，每當怒火中燒時，請各位務必想起這個觀念。

85 看清憤怒背後的「焦慮」

人會在什麼時候生氣呢？

當然這得看每個人的個性及當下的狀況；但反過來說，各位覺得「不怎麼生氣的人」會是什麼樣的人呢？

其實他們有個特點：**心情平穩、自在的人，通常不太會生氣**。

請各位想想看，工作、家庭都順遂且受到大家的信任、喜愛，也不用擔心財務問題，身體健康、總是精力十足，像這樣的人怎麼會生氣。由於自律神經很穩定，從身體的運作機制來說，這本來就不太容易產生憤怒情緒。

如果你是個容易生氣的人，那麼請試著找出隱藏在憤怒背後的焦慮。例如：在職場上是否會焦慮別人對我有著負面評價、被當成壞人了，說不定還因此被看輕等等，最後轉化成憤怒表現出來呢？又或是與工作無關，而是因為家庭、金錢、健康等問題所產生的焦慮，因而出現易怒的情緒。我想應該不少人都有這種狀況吧？最重要的是，認知到「自己很焦慮」這件事。

瞭解自身的狀況後，請將這些焦慮寫到筆記本上。

光是**客觀地統整自己的焦慮**，就能相當程度地舒緩心情，讓過度活躍的交感神經恢復正常。

86 感到失落時，立刻「上下樓梯」

只要出了社會，總有一天會碰上惹主管或客戶生氣的場面。相信很多人會在這個時刻選擇回到座位上，獨自一人傷心難過。雖然心中煩悶，但還是盡可能裝作什麼事都沒發生過，繼續工作。

從醫學上來說，這些都不是好辦法。

因被責罵而感到心情低落時，自律神經就已經混亂了，身體當然也會處在糟糕的狀態。在這種狀態下繼續工作，不僅效率不彰，更可能連連出錯。

無論是「覺得煩躁」還是「提不起勁」都一樣，嘴上說：「轉換心情，繼續加油吧！」在精神上為自己打氣，但其實並沒有太大的效果。

精神上的問題並不是用靠精神喊話就能解決的。

這時，調整身體狀態依舊是最好的方法。在「心、技、體」中，最該先調整的不是心，而是體。「被責罵而感到心情低落」、「發生討厭的事而無法集中精神」時，應該立刻離開座位，**反覆上下樓梯約一、兩層**。

活動身體——特別是在不會累的範圍內上下樓梯可以促進血液循環，還能因規律的動作而刺激副交感神經，恢復自律神經的平衡。

「犯錯後該怎麼補救」、「該怎麼向客戶道歉」、「如何透過下一個任務挽回頹勢」等想法，**全都等到調整完身體狀態後，再來思考**。在良好狀態下進行思考，才能想出周全的辦法。

87 難搞的人打來電話時，先暫且無視，之後再回撥

現在手機都有來電顯示的功能，在接起電話前就可以知道對方是誰。如果在來電顯示上看到名字的瞬間，就覺得「好討厭」、「這個人很難應付」或是「真麻煩」時，那就先不要急著接電話，之後再回撥才是上策。

因為**當手機畫面跳出對方姓名時，你的自律神經就已經被擾亂了，身體狀態也開始下降了**。在這種糟糕的狀態下與難搞的人溝通，當然是不可能順利的。從醫學觀點來看，這是理所當然的事。

愈討厭的對象，愈應該放棄馬上接聽的想法。可以先做個深呼吸、喝杯水，等完全調適好後再回電給對方。不只是電話，電子郵件或ＬＩＮＥ的訊息也一樣。

不要在對方的步調下開始溝通，而是盡量在**適合自己的情況下**才與對方交談或回信。光是意識到這點就有很大的不同了。

若是經由電話、電子郵件或ＬＩＮＥ來交流（尤其是在下班後），那麼事先決定好「要接還是不接」、「要回信還是不回信」也很重要。

各位可能都遇過在聚餐或開會時，其他人的手機突然響起，自己正在說的話說到一半就被迫中斷的經驗。接電話或確認ＬＩＮＥ上的訊息並沒有這樣的問題，但我實在難以認同「電話響了就接」、「ＬＩＮＥ的訊息來了就看」的做法。

順帶一提，我在下班後，雖然幾乎都會接病患打來的電話，不過其餘人士打來時，除非是重要的工作對象或不能失禮的人，否則我一概不接。

像這樣**預先決定好處理原則**，其實是很重要的關鍵。

88 想緩和緊張，就看牆上的時鐘

常有人跟我說：「我是會怯場的人，不管做什麼都很容易緊張，希望醫生告訴我該怎麼辦。」其實「緊張」本來就是身體為了應對接下來要發生的事，而做準備的狀態；所以，不一定是件壞事，甚至可以說適度的緊張是必須的。

話雖如此，但「太過緊張」、「一上台就退縮」也絕對算不上是良好的身體狀態，因此在這裡要告訴各位一個對策。我最常建議的是——**一進到會場就開始尋找那裡的時鐘，並記住時鐘的形狀與製造商**。

乍聽之下，這個建議似乎與緩解緊張沒什麼關係，不過「太過緊張」其實就是處於**只能思考一件事、視野變得非常狹隘的狀態**。這時要求自己「盡量放鬆」、「不要只想著上台的事」是很難做到的。

再怎麼想放空腦袋，腦海中還是會浮現出令人不安的想法。感覺焦慮或緊張時，「不要想那件事」是最困難的。所以我才建議在這時候看看時鐘、記住時鐘的形狀或製造商，**給自己其他事情做，來轉移焦點**。這麼一來，注意力自然就會轉到其他地方了。

運動選手之所以會有自己的習慣動作，也是為了強迫自己靠著固定動作來消除多餘的緊張及焦慮感，重點是**專注在「動作本身」**上。

這個方法做起來非常簡單，還請各位試試看。

89 演練時的真實程度，將左右正式上場的成敗

接下來的方法也與緩和緊張有關。如果想在正式上台時處於最佳狀態，那就要有周全的準備。不論是演講、上節目、宣傳還是動手術，我認為**事前準備才是決定成敗的關鍵**。

進行十次模擬演練，就會產生十次的自信；進行一百次模擬演練，就會產生一百次的自信。

這就是一切的真相。

不過，進行模擬的重點在於，不只是在腦中隨意想像些情景而已，而是寫出所有流程並實際發出聲音來練習，**要盡可能地貼近實際情況**。

我想許多人都有這樣的經驗：只在腦中模擬大致的流程，樂觀地認為一切都會順利進行，但其實還存在著許多不確定因素。不僅如此，許多人在進行腦內模擬時，往往還想不出詳細的場面細節或狀況。

但，寫實模擬就不一樣了。

若試著寫出整個流程及可能被問到的所有問題，便能透過視覺看清楚整體狀況，準備不充分的地方也會一一浮上檯面。藉由發出聲音來練習，還可能發現沒有連結在一起的論點，或使用的詞語不夠洽當等問題。

準備時，請各位將標準定在會讓人覺得「竟然做到這種地步」、「沒必要這麼拚吧？」的程度。

如果準備時抱持著「這樣應該差不多」的心態，就可能因為意料之外的突發事件而遭遇挫敗。

90　在心中做一個「煩惱收納箱」

在每天的生活中，總會發生一些令人擔心的事。舉凡工作出包，雖然寄信向對方道歉了，但不曉得對方會有什麼樣的反應；做完全身健康檢查但卻不知道結果如何；孩子參加大考，但不知道成績會怎樣等等。

諸如此類的煩惱，總會源源不絕地到來。

如果心中還掛念著這些煩惱，那就表示身體狀態已經下滑了。這時，想要100%的發揮實力幾乎是不可能了。

話雖如此，被操心的事情嚴重影響而浪費一天的時間實在很可惜。我在這裡建議一個方法：**在心中做一個「煩惱收納箱」**。

實際的做法是**真的在心裡想像一個收納箱，把擔心的問題都丟進去，上鎖。**

整個過程愈逼真愈好。

在完成重要工作前收納箱一直處於上鎖狀態，直到工作結束後再把箱子打開。

當然，這麼做並不能真的解決那些令你擔憂的事情。但人的身體很有趣，決定好以某種方法來處理後，就能調節自律神經，感到心情安定了許多。

只是決定現在不用擔心，生活就能安心一點。

這個方法雖然無法讓人完全放心，但至少能將實力發揮到70～80％，總好過什麼也不做，只能發揮出30～40％的實力。

這同樣也是調整身體狀態很重要的觀念之一。

91　瞭解到壓力來源正是自己的瞬間，就會開始調節自律神經

「如何面對壓力」是調整狀態時的重要關鍵。

任何人多少都有些壓力。若有辦法避開「不擅應付的對象」、「不想做的工作」等造成壓力的原因，當然就能做到離壓力愈遠愈好的目標。

但實際上我們很難真的避開，因此才會在心中形成壓力。

選擇「不去想」、「刻意忘記」等的消極做法並非上策，因為**不管怎麼逃，終究還是會浮現在腦海中**。

既然如此，乾脆不要逃避、好好面對。深挖壓力的來源是什麼，這才是比較實際的做法。

這裡的重點在於**試著思考「產生壓力的來源在哪裡」**，而答案十之八九會是自己。就算有討厭的上司、麻煩的客戶，但決定不跳槽、繼續留在同一個崗位上工作的是自己；即使被強塞了很討厭的工作，但卻沒有抱著被討厭的勇氣拒絕的人也是自己。

我希望各位不要誤解，我不是想責備各位，並宣揚「終究都是自己的錯」這個觀念。而是因為究其根本、發現「原來壓力都是源於自己」的時候，就會產生一種令人安心的感覺，使心情變得輕鬆。

斥責別人時，自律神經會亂成一團。然而，只要自覺到「原來都是我自己的責任」，就不會再繼續鑽牛角尖，自律神經也能在這瞬間漸漸恢復到正常狀態。

92 試著寫出一個月內所有的壓力來源

壓力終究是自己引起的，且同樣的事情還會一再發生。

任何人都會陷入這樣的迴圈中，這裡要建議大家可以不用再重蹈覆轍、得以獲得解放的日常生活。那就是**每個月一次，寫出「這個月來所產生的壓力有哪些」**。

舉例來說，可以像這樣列舉：

- **朋友說了很傷人的話。**
- **看到熟人的社群網站，就覺得很煩悶。**
- **工作出包，被迫揹鍋。**

任何事都好，總之寫出來看看。

簡單回顧一下，應該可以發現有很多事要是「當初這麼做就好了」。例如：寫下「朋友說了傷人的話」時，或許會開始思考「當時為什麼沒有回嘴」、「明明以前也被這個人傷過，為什麼又與對方見面呢？」等等。

只要寫下自己的壓力就會發現**雖然時間長達一個月，但真正造成壓力的事件好像也沒那麼多**。看著寫下來的筆記便能保持冷靜、客觀，心中浮現出**「下次這麼做吧」等積極、正向的想法**。

光是經歷這樣的過程，自律神經就能恢復平衡了。或許下次還能處理得更好。

總之，請各位試著寫下「一個月的壓力」，這是我很推薦的方法。

93 「下定決心」後就不再煩惱

假設，主管推給你一堆很麻煩的工作，雖然自己的事情已經多到忙不完了，但你還是只要別人拜託就不會拒絕的接下了所有的工作。

然而，眼前卻出現感覺很悠閒的同事，你就忍不住燃起怒火，「為什麼主管要把這些工作丟給我」、「明明還有人很悠閒啊」。

我想應該很多人都遇過類似的情形吧？

這時候最糟糕的是**一直悶悶不樂地想著：**「為什麼我要接下來」、「為什麼主管會把工作全都丟給我」或「那傢伙明明就很閒」。

為了避免這種情形，**改善行為模式**就顯得相當重要。

在這次的例子中，既然都已經決定接受了，那就應該抱著不再猶豫的心態，不去煩惱「要採用A方案還是B方案」、「要不要做這項工作」、「要假日加班，還是改到下週」、「要不要平日加班」、「要不要參加酒會」等等。這些問題應該在做決定階段就要審慎考慮、仔細評估。

一旦做出決定，接下來就不該猶豫不決；反而應該集中精神、認真處理事情。即使判斷錯誤，但繼續迷惘、生氣只會擾亂自律神經、降低工作品質。

如果發現自己做錯決定了，那就當場先記下來，之後再來反省、檢討，下次再做出不同的決定就好了。

94 — 愈幹練的人愈「不相信任何人」

九成的壓力都來自人際關係，這件事沒錯。

各位是否察覺到**和人際關係有關的壓力，幾乎都源自於「心裡對對方的期待」**。

舉例而言，因討厭的同事而感到有壓力時，仔細想想就會發現，其實是因為自己期待對方更友善、個性更契合。

與「期待」相似的詞還有「信任」，這也同樣非常棘手的。譬如：當我在進行手術時，身為助手的年輕醫師犯錯了。這時候為什麼我會生氣呢？因為我信賴對方，期待對方能妥善地處理。

相信他人並期待對方有好的表現，是人類的美德。

然而，這對想調整自身狀態，或是想一直保有高水準表現的人來說，是無法帶來好的影響的。

因此，應該抱持著「不相信任何人」的精神。

這個建議乍聽之下很冷酷、甚至沒人性，但反過來思考，**這其實也是一種決心，代表「一切都是自己的責任」**。

儘管主管令人不爽、同事整天講壞話、後輩常常犯錯、客戶講話不得體，不論是誰何時何地犯了什麼錯，自己都有一部分責任。只要有這個認知，就不會對他人發脾氣，自律神經也不會因此而受到負面影響了。

重要的是讓自己能在任何情況下，都保持在沒有壓力、能發揮最佳實力的狀態。「不相信任何人」的精神正是為此而存在的。

95 唯有承受多重壓力，才能養成堅韌的心

世界上幾乎所有人都承受著多重壓力，在遷就、妥協中度過每一天。

如果你只因為「一個壓力」而煩惱，或許應該算是一種幸福吧！坦白而言，會只為一個壓力而煩惱的，往往是經驗不足的人。

各位可以想像一下，十多歲的年輕人為戀愛煩惱的場面。這些少年少女可能只因為情人的LINE回覆得比較晚，就好像世界末日來臨般愁眉苦臉，對人生悲觀嘆息；一旦跟對方分手，就悲痛地像是失去所有般，苦惱不已。

然而，在累積一定經驗的大人眼中，應該都會覺得「這點事很常見」、「往後還會出現很多適合的人」吧？

只為一個壓力而煩惱的人，就像是為愛情所苦的少年少女。

因為只有一個壓力，所以才會受到過度影響。

身為自律神經專家的我，認為**心中有多種壓力**、**認為有壓力是理所當然的**，**其實會是比較好的狀態**。

從身體運作的機制來說，自律神經本身雖然不能鍛鍊，但經過各種歷練、抗壓性提高後，就不會因為小事而動搖，也不容易失去平衡。

以調整身體狀態來說，毫無壓力當然是最理想的情況。然而，與其因為單一壓力而暈頭轉向，還不如擁有多種壓力來**提高抗壓性**，這也是必要的訓練手段。

96 不再對「說過的話、做過的事」感到後悔

任何人都曾後悔過「早知道就不說那種話了」或「當初不要做就好了」。反省當然很重要，但就像前面提過的，記錄失誤並在一天結束前，用成功的想像覆蓋掉，這本身也是個重要經歷。

但究其根本，**會說出事後後悔的話的當下，就是「不得不說的情境」**了。

或許是因為當時沒有多餘的心力、思考不夠周全，或是還不夠成熟。但無論如何，既然已經盡了當下最大的努力，這也是沒辦法的事。

我自己當然也有過事後後悔的經歷。每當回想起當時的事，多半都會發現是因為自己的不成熟、失去冷靜，沒辦法做出正確判斷所致。

從這些失敗的經驗來看，不該只是後悔地想著「早知道就不說了」、「不要做就好了」，而是察覺到自己在人格上的成長，學習如何成為一個「可以不說的人」。

我當然也還有成長的空間，但跟過去相比，事後後悔的情況已經減少許多了。我的意思並非要大家學會「即使滿肚子氣也要忍下來」的功夫，而是要讓心靈更加豁達，**不再為小事而憤怒、不惜破壞身體狀態也要生氣**。

要達到這樣的境界雖然還要花費非常久的時間，但如何好好維護自律神經的穩定可說是成為成熟人格不可或缺的鍛鍊之一。

97 每天拍張照片

關於調整身體狀態，我還有個建議，那就是**每天拍張照片**。

相信很多人都會疑惑地想著：「為什麼要拍照？這與調整狀態有什麼關係呢？」請各位想想看，忙得不可開交時，是不是更難注意到周遭或自然中的景色呢？因為當意識被眼前的工作或必須解決的問題所吸引時，就沒有多餘的心力去關注其他事，因而漸漸失去從容的心態。

這時不妨抬起頭，好好望向周圍，並拍張照片。

光是這麼做，就能重置忙碌的日常，**同時作為回顧心情的計量表**。

不需要拍出美麗的照片，隨手拍張路旁的小花、夕陽或咖啡店裡的馬克杯都行，總之，就是拍張可以稍微觸動到心靈的照片。

我原本是個完全不用社群媒體的人，但在疫情發生後，也開始使用IG了。理由很簡單，因為我想在生活中創造一個**小小的重置鈕**。

二〇二〇年以後，我們的日常生活被新冠肺炎徹底支配。不知不覺間，疫情下的生活侵蝕了我們的身心，使我們變成隨波逐流的存在。對調整狀態來說，「負面影響持續不斷」是最糟糕的情況。這時，就必須**有意識地進行重置**，**盡可能將生活調回正常的軌道**。

對我而言，IG這個新事物就是我進行重置的方法之一。

98 只為了自己才使用社群媒體

因為新冠疫情而感到沉悶難受、心情始終不見好轉時，光是每天拍照、上傳到IG的習慣，就會讓人有動力走到外面散步，或是在下班回家的路上注意到開在路旁的小花，**察覺到四季的變化**。

如同前一篇所述，每天拍張照片就好。可以的話，建議上傳到社群媒體上。

不過，這邊希望各位是抱持著**為了自己才使用社群媒體**的心態。

上傳什麼照片都可以。

重點不在於按讚數、追蹤人數有多少，只是為了**重置日常的生活**而拍照。將使用社群媒體當作一種樂趣，以提升生活的動力。

跟我的名人朋友們相比，我的IG追蹤人數很少，但我只是享受分享生活點滴的樂趣。因此，請各位在忙碌的生活中，試著保留一點悠閒、平穩的時光。

當回顧一天，發現自己一張照片都沒拍時，那就表示你已經忙到沒有多餘的心力了。這時，可以隨手對著眼前的筆筒或任何東西拍照。在重置心情之餘，期待明天能拍下更美好的瞬間。

第 8 章

瞭解自己的個性

調整自我特質的方法

99 人可以分成四大個性

至今為止，本書介紹了非常多調節自律神經、維持良好身體狀態的方法。若要用一個關鍵字來形容，那就是**解放壓力**。

盡可能創造出無壓力的狀態，才能順利調節自律神經。

話雖如此，每個人會覺得有壓力的狀態都不同。

因此，本篇將列舉四種個性類型，請各位想想自己是屬於哪一種類型！

個格一——不在意他人目光，做事以自我為中心。

個格二——基本上不在意他人目光，但關鍵時刻會壓抑自己配合他人。

個格三——基本上會在意他人目光，但關鍵時刻會按照自己的想法來行動。

個格四——總是在意他人目光，並與他人協調。

舉例來說，有些人在面對討厭的人時，即使是在公司內碰到也不會打招呼，還會裝作若無其事的樣子。這種人就是典型的性格一。優秀的外科醫師中，不乏這類型的人。有些人則會對展現自我感到有壓力，配合周圍的人反而輕鬆許多，這就屬於性格四。性格二和三是介於以上二類之間的人。

各位可以思考看看，自己是屬於哪種類型。

100 解放壓力意即「做真正的自己」

我在本書裡推崇的解放壓力並不是要各位恣意妄為。

相信大家都曾在公司裡遇過只講自己想講的，工作起來自由放縱，完全不顧旁人想法的人。

的確，這對本人來說或許真的沒什麼壓力。

然而，並非所有人只要採取這樣的生活態度就能變得毫無壓力。對於性格一的人而言，不顧周遭、自由行動的做法確實沒有壓力，但對性格四的人來說只會充滿痛苦而已。**關鍵在於瞭解「對自己來說的無壓力」到底是什麼狀態，並據此來思考、並做出行動。**

假設有個很糟糕的上司令你相當為難，可能會有朋友或同事建議你「明白告訴對方比較好」或「應該去跟高層主管報告」，要你做出比較強硬的行為。

這些確實都是可行的方法。

然而，若是這些行為會對你造成巨大壓力，那麼保持沉默對你而言或許就是更好的選擇。

在選擇對自己而言壓力最小的方法後，可以再進一步摸索如何用別的方法來減輕壓力、調整狀態。

順帶一提，我屬於「基本上會在意他人目光，但關鍵時刻可以按照自己的想法來行動」的性格三；因此，會慎重思考該壓抑自己的哪個部分、該在什麼時候提出主張。因為這對我來說，就是最能解放壓力的做法。

101 如果「八面玲瓏」不會造成壓力，那就當個樂於交際的人

二〇一三年出版的《被討厭的勇氣》至今仍是暢銷書之一。要說為何這本書會如此受歡迎，可能就是因為「討別人的喜歡」對許多人來說會造成莫大的壓力。

可是不能忘記的是，現實中**也有人可以毫無壓力地去「討人喜歡」，或是成為「八面玲瓏的人」**。

性格四的人無需懷揣著被討厭的勇氣來行動。對這類型的人而言，關注周遭反應、配合別人來行動是更無壓力的方式。如果你的個性屬於性格四，覺得比起展現自我，配合別人比較沒壓力，或是這麼做更像是你自己的作風，那麼就帶著自信成為八面玲瓏的人吧！因為這才是最適合你的做法。

若是被周圍的潮流所影響，以為八面玲瓏不好、應該發表自己的意見而拚命努力的話，**反而會增加自己的壓力，簡直就是本末倒置**。

本書的主題之一在於探討如何發揮能力，性格四的人當然要學會發揮所長，這才是正確的。性格四的人本就擁有良好的協調性，跟任何類型的人都能順利往來，因此，只要活用自己的優勢並在團隊裡發揮作用就好。

不只是性格四，其他類型的人也都要考慮到該怎麼活用自己的優勢，在沒有壓力的狀況下發揮實力。**與其勉強模仿不適用於自己的做法與成功模式，還是應該在「適合自己的領域」用「適合自己的做法」來一決勝負**。這才是最重要的思維，也是發揮自己特長最具效果的方法。

102
在無可取代的人生中，不要覺得「忍耐理所當然」

如同前一篇所述，若配合別人不會覺得痛苦，那也是一種很好的生活方式。不過要是感到疑惑，覺得「自己該不會是在忍耐吧？」那就該試著思考一下。

我因為職業的緣故，常常需要跟不久於人世的人相處，其中有些人甚至被宣告只剩半年的生命。近距離與這樣的人接觸後，常會讓我不禁有著這樣的想法──忍耐並不是人生中理所當然的事。

如果你只剩半年的生命，難道還會咬牙忍耐、去做討厭的事嗎？會去充滿壓力的職場上班嗎？

如果真的是充滿壓力的公司，那你一定會立刻辭職，將寶貴的時間用在更值得珍惜的事情上，對吧？即便只是過著平穩的生活，想必也甘之如飴。

這才是所謂活過的人生。

忍耐、配合周遭或許會令人有種「克服難關」、「獲得讚美」的感覺。我也不否認，人的確會因此而成長。然而，當時日無多之際，各位還會想花時間在這些行為上嗎？

許多生命即將走到盡頭的人都會說「早知道就活得自由一點」、「當初應該更珍惜陪伴在家人身旁的時間」。

我並不是想表示「那就不要忍耐，任性一點」，而是想告訴各位：在無可取代的人生中，絕對沒有「理所當然該忍耐」的事。

103 找到自己的「舒適生活法」

我每兩、三年就會搬家。

每次這麼說，大多數人的反應都是「太頻繁了吧！」、「不覺得辛苦嗎？」，不過，這其實是我覺得最舒適的生活方式。對我來說，一直住在同一個地方反而是種壓力。每兩、三年我就會實行斷捨離，順便整理身邊的物品，然後在全新的環境中開始生活。這麼做不但能解放壓力，還成為我的活力來源。

當然，我並不是建議各位趕快搬家。

而是在說**想要沒有壓力地享受人生，一定要找到自己的「舒適生活法」**。

順帶一提，我還決定**每到新年就買四副眼鏡及五雙鞋子**。

我會去眼鏡行一口氣買四副眼鏡，其中不同用途的眼鏡各兩副，而且都是在新年時購買。要是這麼講，又有人會說「去年的眼鏡不都還能用嗎？」**但生活在這樣的週期裡，這就是我的舒適生活法**。

鞋子也是如此，我會在新年時一口氣買五雙。不是什麼名牌，只是價格實惠而已，但在接下來的一年中輪流換穿就已經很足夠了。其中一雙平常不會穿，只在重要場合才拿出來穿。另外四雙每天都穿，所以大約一年就會髒掉或受損，正好是換鞋子的時機。

這些習慣對我來說既是新年時轉換心情的儀式，也是支持我「無壓力生活」的要素——在日常生活中不用煩惱該穿戴什麼。

這同樣是我的「舒適生活法」。

104

在真正擅長的領域一決勝負

為了開創人生，我認為最重要的是**在自己真正擅長的領域決一勝負**。

人往往會貪心地想做各種事情。看到有人特別活躍，就覺得自己也想變成那樣；當視野更開闊時，就會想在各個領域都獲得別人的讚賞。

人生本來就充滿了失敗與冤枉路，所以，我覺得嘗試做各種事情是很好的觀念。尤其是年輕時，不要輕易就斷定這是我擅長的領域，所以除此之外我都不做；而是應該累積各種經驗，遭遇失敗及挫折也是必要的過程。但累積一定的資歷後，就要開始重視「真正擅長的領域」，並以此當作自己的特點。

簡單而言，就是懂得**篩選與捨棄**。

當我以醫生的身份出現在電視、廣播節目上的次數愈來愈多之後，也開始有人希望我說些關於政治或經濟方面的話題。以前我還會想「努力學習一下政治或經濟方面的知識好了」，但從某個時刻起我就徹底放棄了。

因為我轉念一想「與其花時間在這上面，不如進一步強化自己擅長的領域」。這就是我所說的「篩選與捨棄」。

在這麼想的一瞬間，我就在真正意義上消除了壓力，並紮實地提升了要在自己的專業領域有所精進的信念。

所謂能開創人生的人，其實就是**在自己擅長的領域堅持下去的人**。

105
在真正擅長的領域中，不會產生「嫉妒」與「偏見」

我認為**在擅長的領域一決勝負，追根究柢就是在與自己戰鬥**。

與他人比較、沉浸在輸贏的優越感中，甚至嫉妒對方、產生偏見，我覺得這都不是真正意義上的「在擅長的領域一決勝負」。

只要細心觀察就會發現那些說別人壞話；對別人抱著妒恨、偏見的人，往往都是在自己不擅長（或沒這麼拿手）的領域跟別人競爭。

在真正意義上抱持決心，堅信「這就是自己人生道路」的人，都不會因為無聊的小事就產生嫉妒或偏見。當然，任何領域都是人外有人、天外有天，每個人都可能在自己所選擇的道路上碰上更加優秀的高手。

可是，真的活在擅長領域中的人，在遇見這些高手時，也不會心生妒恨，更不會說些貶低對方的話；只會充滿好奇地想知道對方**「為什麼能變得這麼厲害」、「到底是怎麼做到的」、「心中在想些什麼」**。這反而會激發出奮發向上的心志與單純的探究之心，一心只想「學習」。

到頭來，只有這些精神強韌、追求頂尖的人才有辦法持續成長，成為大家公認的高手。因此，對各位來說，**「真正擅長的領域」究竟是什麼呢**？

不需要成為運動、醫療、政治等業界的翹楚，只要「想出嶄新的點子」、「誠懇友善地面對客人」、「很好地輔佐他人」等都可以。

還請各位務必找出「只有這點不輸給其他人」、連自己也充滿自信的「真正擅長的領域」，並在此決一勝負！

106

抱持「現在的自己最年輕」的心態

到了40、50歲時就會開始覺得「自己真的老了很多」。不再有挑戰新事物的勇氣，也開始對自己失去自信，愈來愈擔心身體健康。

只要感覺不安自律神經就會失調，造成身體狀況真的開始下滑了。

這時候，**請試著想像十年後的自己**。

十年後的自己必然會打從心底地回想到「現在的自己」。因為「現在的自己」不只年輕十歲、身體健康，還充滿自信能挑戰任何事物。

聽起來很理所當然，但任何時候「現在的自己」都是最年輕的。

我只要想到十年前的自己，也常常會覺得「那時候多鍛鍊一下就好了」、「早知道那時就該改善生活習慣了」或「早知道就挑戰那些事了」。

十年後的自己也會想著完全相同的事。

既然如此，從現在開始做不就好了嗎？

如果有想挑戰的事，現在就可以開始嘗試。

鍛鍊身體、改善生活習慣、與人建立連結、進入新的社群、一個月看十本書等等，任何事都可以嘗試看看。

總之，先從最年輕的「現在」開始。

你想度過哪一種人生呢？從現在開始做，往後還有十年的時間；還是現在什麼都不做，等十年後再回想「早知道那時候就試試看」。

不論年歲如何增長，**現在都是最年輕的**。

107

目光朝向「全新的自己」，而非過去

如同前面所述，我在肺炎疫情發生後，養成了每天早上四點半起床，從五點開始散步一小時的習慣。每當我跟別人提及這件事時，有許多人都會說：「真厲害，竟然可以堅持做到決定的事」，並反問：「該怎麼做才能做到呢？」

若用一句話回答，就是**「我總是希望可以不斷改變」**。

我在二〇二〇年的七月度過了60歲生日。在這個值得紀念的日子，我開始思考「接下來該怎麼生活」、「我想過上什麼樣的人生」。

在所有的想像中，最觸動我的是**「每天在生活中有新的發現」**。不論是對周圍的人事物還是我自己，都希望能發現全新的觀點。

回顧之前，60歲以前的我就像是「一邊看著過去，一邊活著」。雖然沒有活得很消極，但卻常在想「我至今為止到底做了什麼？」、「我現在達成了什麼？」同時還感覺到年紀的增長。

簡而言之，我的視線始終還是看著過去。

但是到了60歲，我才真正領悟到「現在是最年輕的時候」這個道理。若想開始做什麼、改變什麼，現在就是最好的時機。

所以我會養成四點半起床、散步一個小時的習慣，也是為了改變自己，並找到新發現而做的嘗試。我之所以開始使用從未接觸的社群媒體，也是基於相同的理由。

可能會有人認為「事到如今還想開始做什麼，也沒有太大的意義」，但會有這樣的想法就是因為目光一直都看著過去。

想遇見全新的自己，**年輕的現在**就是最好的時機。

108

即使經歷一百次失敗，只要第一百零一次成功就好

本書介紹了各式各樣的想法、如何改變觀念及實踐的方式。只要確實做到，一定能開展出最獨特、美麗的人生。

但請容我直接了當地說：**再微小的事情，也都難以輕鬆實踐、養成習慣**。舉凡「回家前整理辦公桌」、「執行一個法則」、「想好目的再參加酒會」等等，雖然都是簡單的小事，但到了真的實踐時卻一點都不輕鬆。

所以**就算進展不順利，也不要感到灰心**。

身為人類，這是很正常的情況，這並不代表你的意志力薄弱或是行動力不足。話雖如此，養成每天反省與思考的習慣還是相當重要的，可以想著「雖然這次沒做

到，但下次換個方式好了」或「明天開始這麼做」。

總而言之，請各位不要氣餒，繼續堅持下去。

就算每天的評分是零分也沒關係，但我希望各位切勿放棄「打分數」的習慣。

經歷一百次的失敗，第一百零一次成功的日子終將來臨。

請各位相信在不斷地反省與實驗下，第一百零一次將會成功。

我期待本書所介紹的各種調整習慣的方法，總有一天也會成為你的習慣，讓你能穩定地發揮出優秀的表現。

如果做得到，你的人生必將因此而改變。

Pick up!

讓每天生活
充滿元氣的七件事

1 ✓ 不穿緊繃的衣服及鞋子。

2 ✓ 午餐後的2小時只做規律的工作。

3 ✓ 緩慢、平靜地說話。

4 ✓ 每週設定一天睡眠日。

5 ✓ 吃飯只吃「六分飽」。

6 ✓ 決定「一個」接下來要做的事。

7 ✓ 找到自己的「舒適生活法」。

自我調整的習慣

重整自律神經，讓身心回歸平衡的108條行動準則

出　　版／楓葉社文化事業有限公司
地　　址／新北市板橋區信義路163巷3號10樓
郵政劃撥／19907596 楓書坊文化出版社
網　　址／www.maplebook.com.tw
電　　話／02-2957-6096
傳　　真／02-2957-6435
作　　者／小林弘幸
翻　　譯／林農凱
責任編輯／王綺、陳鴻銘
內文排版／謝政龍
港澳經銷／泛華發行代理有限公司
定　　價／350元
二版日期／2023年12月

國家圖書館出版品預行編目資料

自我調整的習慣：重整自律神經，讓身心回歸平衡的108條行動準則 / 小林弘幸作；林農凱譯. -- 初版. -- 新北市：楓葉社文化事業有限公司, 2023.05　面；　公分

ISBN 978-986-370-536-9（平裝）

1. 自我實現 2. 生活指導 3. 職場成功法

177.2　　112004055